全国教育科学“十三五”规划 2018 年度教育部重点课题

“互联网思维”驱动下儿童学习的策略与实施（DCA180432）

主编
楼叶通

SHUZIHUA SIWEI
QUDONG ERTONG XUEXI BIANGE

数字化思维驱动儿童学习变革

浙江教育出版社·杭州

主　　编： 楼叶通

编写人员： 朱秦晋　杨　颖　金晓莹　李雅南
胡　霞　姜哲娴　朱　媛　张子蔚
郑小芸　黄玲雅　程　海

绪 论

FOREWORD

当前基础教育已步入改革深水区，重构学习、深化教育改革已成为全社会的共识。近年来众多教育工作者希望通过“数字化＋”这一概念，改变当前教育改革生态，走出一条借助数字化技术改变儿童学习的路径，促进儿童学习的变革与转型。当然，基于数字化技术改变儿童学习还存在较多的问题。

其一，重应试、轻革新，被动教育依然明显。“数字化＋教育”在近几年开展得较为火热，但静观其态，不难发现许多学校仍存在试图用一种过时的、非数字时代的语言去教这一代数字原住民的问题。数字化技术在实际教育应用中存在几种倾向：模仿复制多，方法指导少；灌输理解多，思考感悟少；机械记忆多，操练创新少；显性内容多，隐性内容少；应付任务多，精神乐趣少……学习手法和方式以应试为目的且单一，儿童依然处于被动教育。

其二，重技术、轻形态，学习操作未能更新。技术支撑下的学科教室建设如火如荼，如创意智造实验室、VR创新室、数字化音乐室、英语创新室以及电子阅览室等。这些学科教室的建设非常重视技术环境的创新，但是轻视儿童在学习过程中的内在转型。

其三，新理念、旧环境，实施路径单调。当下儿童学习的实施空间依然存在用新理念包装旧环境的问题。虽然理念更新，但是环境、交互以及智能设备并未跟上，存在教室空间、软硬件环境以及学习边界单一的问题，实施路径单调，并未有实效。

基于以上原因，我们提出了基于数字化思维驱动儿童学习变革这一主题。数字化思维由互联网思维转型升级而来。什么是互联网思维？互联网思维就是在移动互联网、大数据、云计算等技术不断发展的背景下，对市场、用户、产品、企业价值链乃至对整个商业生态进行重新审视的思考方式。在现代科技推动下孕育和发展起来的数字化思维，既是一种认知和思维变革，也是一种技术变革。

随着数字化思维在社会各领域的发展，“数字化思维＋教育”的结构模式应运而生。数字化思维既是学习的工具，也是思维、协作和沟通的媒介。我们希望通过数字化思维促进儿童学习变革，生成儿童学习的新方式、新形态以及新路径，实践数字化思维，促进儿童学习方式的革新。在数字化思维驱动下，我们将重点研究如何面向每一个儿童，开发适合他们的新学习方式，培养儿童的学习能力，不断提高儿童的学习素养。实践数字化思维，促进儿童学习形态的转型，不断更变儿童学习的形态，提升儿童学习的深度。实践数字化思维，促进儿童学习路径的升级，建构具有数字化思维特征的学习环境。

数字化思维驱动儿童从被动学习到主动学习，由内而外地重塑学习。数字化思维促进儿童学习，就是改变传统学习，努力构建和创新学习方式，探寻数字化思维与儿童学习之间的内在联系，在人工智能、移动互联、增强现实和虚拟现实等技术的基础上，结合学科特质，创设自适应、个性化和沉浸式学习，让儿童从被动教育转向主动学习，由内而外地重塑学习。

数字化思维驱动儿童从浅层学习到深层学习，不断更新学习的操作系统。数字化思维在儿童学习的深度介入，不断提升儿童元认知、深度和理解学习。学习过程中，儿童的思维从具象逐步向抽象提升。

数字化思维驱动儿童学习环境从单一到多元，持续拓宽学习的视野。数字化思维促进了学习空间的创设，升级了学习路径，使“数字化思维＋普通教室学习空间”“数字化思维＋专业教室学习空间”“数字化思维＋无边界学习空间”等智慧学习空间应运而生，实现从单一、同质化的空间分布步入多元开放学习空间，强调儿童在多维空间的学习行为，包括诊断、调查、分析、探索、表达等，给儿童创造从封闭到开放的学习环境。

本书共分为十章，第一章阐述数字化思维与儿童学习，第二至八章阐述数字化助学工具与儿童学习的深度结合，第九章阐述数字化思维驱动儿童学习路径的优化升级，第十章重点阐述教师的数字化转型。

数字化思维驱动儿童学习的研究还较为浅显，因研究水平有限，若文中有不当之处，敬请批评指正！

目 录

CONTENTS

第一章　数字化思维视域下的儿童学习

第一节　互联网思维深刻影响人类社会的发展　/ 2

第二节　互联网思维转型升级为数字化思维　/ 6

第三节　儿童学习的发展历程　/ 9

第四节　儿童学习的数字化转型　/ 12

第二章　语文习作的理解学习

第一节　HiTeach 驱动语文习作　/ 16

第二节　HiTeach 驱动语文习作的学习策略　/ 20

第三节　HiTeach 驱动语文习作的学习评价　/ 31

第三章　语文诗歌的数字化学习

第一节　确定诗歌数字化学习内容　/ 36

第二节　建设诗歌数字化学习平台　/ 40

第三节　诗歌数字化学习的教学策略　/ 43

第四节　优化诗歌学习的评价　/ 53

第四章　数学的个性化学习

第一节　数学个性化学习的材料设计　/ 60
第二节　个性化翻转学习　/ 65
第三节　个性化精准学习　/ 74
第四节　个性化评价　/ 80

第五章　英语绘本的自适应学习

第一节　数字化思维下英语阅读改革　/ 86
第二节　一起作业网英语绘本教学模式　/ 88
第三节　绘本阅读智能评价　/ 97

第六章　数字绘画的沉浸式学习

第一节　数字绘画学习模式　/ 102
第二节　数字绘画的学习内容　/ 107
第三节　巧用数位屏技术探索沉浸式学习的策略　/ 111
第四节　沉浸式学习的评价设计　/ 118

第七章　美术“造型·表现”艺术实践的元认知学习

第一节　美术“造型·表现”艺术实践学习背景　/ 122
第二节　美术“造型·表现”艺术实践元认知学习策略　/ 127
第三节　美术“造型·表现”艺术实践的学习评价　/ 134

第八章 科学实验的深度学习

第一节 科学实验的数字化研究框架和研究内容 / 140

第二节 科学实验学习路径的升级 / 144

第三节 优化学习评价 / 152

第九章 智慧学习空间的建构

第一节 智慧学习空间 / 158

第二节 “一对多”智慧学习空间 / 162

第三节 “多对多”智慧学习空间 / 172

第四节 “一对一”无边界智慧学习空间 / 191

第十章 数据驱动下教师教育品质的升级迭代

第一节 教师教育品质 / 196

第二节 教师教育品质的数据测算 / 199

第三节 教师教育品质的数据分析与监控 / 204

第一章

数字化思维视域下的儿童学习

第一节　互联网思维深刻影响人类社会的发展

什么是互联网思维？互联网思维就是在移动互联网、大数据、云计算等技术发展的背景下，对市场、用户、产品、企业价值链乃至对整个商业生态进行重新审视的思考方式。互联网思维首先是一种技术模型，它包含移动终端、大数据、云平台等现今最先进的互联网技术；同时，它又是一种思维模型，指导人类重新审视和认识赖以生存的社会环境、经济环境和教育环境。

随着互联网思维的不断发展，近些年人们又总结出互联网思维的生长思维，如用户思维、价值思维、大数据思维、简约思维、极致思维、迭代思维、流量思维、社会化思维等思维模型。随着网络的快速发展，互联网思维已逐渐成为现代人必须具备的思维，并不断增强产业持续创新力。因此，互联网思维是一种变革的新思维，追求思维与工具的对立统一。

随着各种类型的互联网思维在社会、经济等领域的广泛应用，形成了一系列“互联网＋”的结构模型，如“互联网＋银行”“互联网＋交通”“互联网＋零售”“互联网＋通信”等营商模型，深刻改变着人类的生活。互联网思维对人类社会的活动产生了深远影响，是迄今为止对人类生活产生影响最为深远的一项变革动力。

一、互联网思维改变人类社会，发展速度从线性增长到指数级增长

从互联网产生开始到互联网思维出现之前，人类社会一直遵从线性增长模式。梳理互联网发展史，最早可追溯到1957年苏联发射了第一颗人造

地球卫星，随后1958年美国也成立了高级研究计划署，开启了互联网研究的先河。1964年美国兰德公司的鲍勃·巴兰发表了有关通信系统的学术论文，提出信息传输的基础原理。随着互联网技术的研究发展，其应用从军事领域不断延伸到商业领域。直到20世纪90年代，网络真正开启了大众化应用的大门。到了21世纪，互联网大量普及，网民人数不断增加，人类与技术表现出互相依存的关系。从互联网的萌芽到普及，经过近60年的历程才实现人与技术的高度融合。从历程来看，人类一直遵循线性发展的逻辑，沿着线性的轨道发展。

互联网思维是近十年在互联网技术基础上形成的。近十年，人类社会的发展进步出现了指数级增长的现象，这与互联网思维是密不可分的。移动通信技术不断发展，从3G、4G升级到5G应用，特别是2006年以来，人们实现了通过手机、PAD等移动终端访问互联网，出现了网上办公、网上购物等社会活动，实现人与信息的实时交流。以云计算、去中心化为特征的互联网思维的诞生并深刻改变着社会的发展，经济活动也出现了指数级增长的现象。同时，随着云计算的不断成熟，互联网思维也随之发展和成熟。互联网思维不仅驱动商业增长模式的变革，也深刻影响着政府管理、社会组织、社会活动等方方面面。因此，人类社会的发展速度从线性增长到指数级增长是一次深刻的社会变革。

案例

以支付宝用户数呈指数级增长为例。支付宝用户数首次达到1亿是在2008年8月底，应用上线时间为2003年10月，积累1亿用户花去了近5年时间。但从1亿用户增长到2亿用户，支付宝仅仅用了10个月，而从2亿增长到3亿只用了9个月。

二、互联网思维颠覆人类的认知

互联网思维具有跨界融合、平台开放、用户至上、体验为核、大数据应用等基本特征。互联网思维的基本价值一定是从基本特征出发的。研究表明，互联网思维具有思维论、价值论和方法论等三大基本特性，这些特性颠覆人类的认知。《认知盈余》一书指出："并不是工具塑造了我们的行为，而是工具赋予了我们行为发生的可能。"互联网思维的第一基本特性就是思维，它给予我们全新的思维模型。传统工业化的思维模型是建立在线性思维基础上的，这样的思维模型一直限制着人类的创新和发展。因为长期的线性思维制约着我们思考的动力，形成思维依赖。互联网思维的产生，让我们可以有多维度、多元化、网络化和数据化的思考，形成立体网状思维，为我们创新发展注入思维动力。互联网思维的另一个基本特性就是价值论，互联网时代是一个万物皆互联、无处不计算的现代社会，在互联过程中不断寻求互联价值。阿里巴巴连接了消费者和商家，让天下没有难做的生意，让天下没有买不着的商品。腾讯连接了人和人，寻求人与人之间的联系不再受时空限制。滴滴打车连接了出租车和打车人，实现了车等人而不是人等车的打车模式。互联网思维的第三个基本特性就是方法论。互联网思维方法论的本质就是一种全新的社会元素排列组合方法，也就是把分享、开放、跨界、社群、链接、融合和口碑等社会元素重新组合，通过行业、学科等交叉渗透产生新的研究领域，这些领域不断碰撞、借鉴、融合形成非常独特的创新方法，在互联网的技术基础上实现融合中创新、创新中发展，这就是互联网思维的方法论的意义。

三、互联网思维深刻影响人类的生活方式

互联网的突出特点是高速、简便、全球化和私人定制等，这些特征集中起来使人类的生活发生了根本性的改变。延续人类百年工业文明的生活一直占据着近代人类社会的主导地位，工业时代体现了指令、传递、执行、效果、反馈和改进等环节的生活模式。互联网思维颠覆了人类的行为模式，改变了人类活动的行为。人类传统活动基本上是以体现人适应社会、适应经济产品为主的活动方式，互联网思维改变了这样的方式，凸显了产品适应和满足人的发展需要，进一步尊重人性和突出个性化定制的特

征。互联网思维变革了企业的管理模式。企业必须革新管理才能保障其在互联网中的有效运转，实现企业、产品、用户之间的互联互通，并实现可持续发展。互联网思维缩短了消费者与商品的距离。通过互联网的沟通，大大缩短了消费者与商品的距离，改变了人类的消费模式。尤其是互联网云平台的构建，大大减少了中间商的介入，使商品流通时间大为减少，同时节约了流通成本，改变了交易模式。互联网思维同时还颠覆了人类的学习模式。工业时代的教育强调的是以教师或教材为中心的学习模型，强调的是集约化、模式化、高效的培养特征，强调的是培养合格的产业工人。互联网思维下的教育强调的是以人为中心，突出线上线下的学习，突出私人定制的特征，颠覆了工业文明时代的学习模式。

第二节　互联网思维转型升级为数字化思维

凯文·凯利在《失控》一书中提出了大自然无中生有的九条规律——分布式；自下而上的控制；递增收益；模块化生长；便捷最大化；鼓励犯错误；不求最优化，但求多目标；谋求持久的不均衡态；变自生变。这九条规律也是互联网发展的九条规律。随着互联网的发展，九条规律不断印证，互联网从工具性发展到思维与技术的对立统一，对社会发展产生深刻影响。互联网思维经过不断的发展，截至目前，提炼出了多种思维形态，现列举人们最熟悉的三种思维即用户思维、价值思维和大数据思维。

用户思维就是以“用户为中心”的思维模型，目的是为用户创造归属感、参与感和成就感。用户思维非常清晰地区分了用户和客户的区别，它获取用户的核心在于不断地创造与用户的交互点，创造性地设计了用户体验经济模型：社群经济、分享经济、众筹、众包、众创、众利等。用户思维的交互特征突出了共同创造、共同设计、共同分享、协同融合。用户思维中的支付应用是最频繁、最有粘性的交互。

大数据思维就是在通过互联网收集的近乎所有的数据基础上进行数据再分析、再利用、再创造的思维模型。大数据具有规模大、速度快、类型多和价值大等特征。大数据思维需要认识结构化数据与非结构化数据的区别。大数据思维解决了如何获取各种互不关联的非结构化数据的问题。大数据思维的特征是关联便捷、关联服务、关联营销，实现基于用户画像的精准营销、主动营销；大数据思维的交叉分析就是建模。

价值思维就是建立客户价值主张第一的思维模型，从以产品为中心转向以消费者为中心，从以企业为中心转向以客户价值和用户需求为中心。

价值思维就是不断创造需求、挖掘需求、满足需求，充分整合资源，实现无中生有，整合营销。价值思维实现用户价值与客户价值的转换与获取、数据价值的转换与获取。价值思维基于用户画像实现精准营销、关联服务，打造价值链（价值立交桥、价值云梯），实现价值转移、成本置换。

数字化思维就是在用户思维、大数据思维、价值思维三种思维基础上发展起来的思维类型，数字化思维不仅仅是一场技术革命，更是一场认知与思维变革。尤其是数字化思维从经济领域的应用拓展到其他领域的应用，当前社会多个领域如政府部门、各类教育、文化服务等掀起数字化转型的热潮，这也是迄今最广泛的社会变革。

从互联网思维进阶为数字化思维，这对人类社会产生了更为深远的影响。例如，出行模型的升级迭代就是一个很好的例证。互联网思维中的用户思维很好地改变了人们的出行方式，互联网思维之前出行基本是“人等车模式”。互联网思维出现后，尤其是在用户思维的驱动下实现了“车等人模式”，市场上出现很多的打车软件，用户可以选择拼车、专车等类型；迭代发展到数字化思维后，人们开始思考通过大数据分析如何进行精准决策的问题，尤其是为未来的趋向、价值等要素作出判断，由“车等人模式”升级为“出行决策模式”。

案例

数字化思维的决策模式：从关注出行方式转向出行决策

首先通过大数据对出行A推荐模式、B常走模式、C全程畅通模式进行数字画像，关键要素为用时、里程、红绿灯数等。A推荐模式用时28分钟、里程数为7.5千米、红绿灯有12个，但中间有3.5千米12分钟的拥堵并有加剧的趋向。B常走模式用时30分钟、里程数为7.9千米、红绿灯有13个，中间有3千米10分钟的拥堵且有畅通趋向。C全程畅通模式用时为31分钟、里程数为8.9千米、红绿灯为25个，中间无拥堵路况。通过数字画像，我们清晰地看到未来的三种发展方向，借助大数据分析可以做出价值清楚的决策。

从深层次的角度看，数字化思维更是一种认知的迭代，从渐进式连续性思维到生态式非连续性思维，从封闭式边界思维到开放式跨界融合思维，从单一基于大概率事件推测未来的思维转向洞见与感知小概率的“黑天鹅”突变事件的思维，从垂直式单一中心思维到分布式多中心思维。

第三节　儿童学习的发展历程

儿童学习伴随工业革命、脑科学、认知心理学、互联网思维等领域的发展而发展。工业革命的发展对儿童学习的进化产生深远影响，是推动学习变革的核心力量。迄今为止，儿童学习经历了三次大的变革。

第一次学习革命伴随着第一次工业革命应运而生。第一次工业革命起源自18世纪60年代的英国，主要的标志性事件是蒸汽机的使用。第一次工业革命的特征是煤铁复合型的工业时代。教育也伴随着第一次工业革命产生了深刻的变革。教育组织形式出现了班级授课制。教育内容也发生了变革，呈现了多元化的特点。教育方式实现了有目的、集中的、定时的个性化教育。虽然从总量来看其教学规模较小，但是第一次学习革命的发生对儿童学习也产生了深刻影响，当教育内容、组织形式、方式等发生变化后，学习也发生了变革。第一次学习革命对“学习”的定义为经验所带来的行为表征的长期变化，以行为主义的刺激——反应心理学为基本学习原理，主要观测学习者通过学习是否表现出一种全新的行为，是否改变已有行为的频率，是否改变已有行为的速度，是否改变已有行为的强度，是否改变已有行为的复杂性。这样的学习理论对第一次学习革命产生了深远、长期的影响。

第二次学习革命紧随第二次工业革命的发展而发展。第二次工业革命起源自19世纪60年代，主要的标志是电力的广泛使用。它的特征是化石燃料驱动的工业时代。伴随着这次工业革命应运而生的是第二次教育革命：教育目的是培养适应资本主义社会经济发展的各种人才，特别是工业化的应用型人才；教育的组织形式是以班级授课为核心的规模化的现代学校教育；教育内容增加了工业文明需要的各种新技术、新知识、新能源等内容，最终形成了系统的多元化的内容体系；教育方式主要是集中的、规模化的班级授课制；教学规模形成了从学前教育到研究生教育的种类齐全、功能完备的教育体系。对应第二次教育革命，儿童学习也发生深刻变革。随着新理论的出现，学习定义为经验所带来的心理表征或联结的长期变化。（简妮.爱丽丝.奥姆罗德，2015）这样的定义呈现三大特点：学习是一种长期变化、构建心理表征或联结，学习是一种由于经验而形成的变化。这一时期对学习的研究产生重大影响的是认知发展理论，主要研究儿童在思维过程中如何随着年龄及经验的增长而发生质的变化。

第三次学习革命是对人类社会影响最深刻的变革，也是当前正在经历的一次革命，主要依附的是第三、四次工业革命。第三次工业革命起源于20世纪50年代，也称信息革命，是指信息技术、新能源技术、新材料技术、生物技术、空间技术和海洋技术等领域发生的信息控制技术变革，主要标志是原子能、电子计算机、空间技术和生物工程的发明和应用。第四次工业革命起源于21世纪初，也称智能制造革命，是指人工智能、清洁能源、机器人技术、量子信息技术、虚拟现实以及生物技术为主的技术革命。对应于第三、四次工业革命而发生变革的是第三次学习革命：教育目的是培养大量基础性的数字化的劳动者、创造性的研发者、生物圈的管理者和优秀的服务者；教育组织呈现分散式、数字化、网络化、远程化、家庭化、个性化的学校教育、家庭教育与社会教育三者相结合的组织形式；教育组织方式是把网络教育、游戏化学习、虚拟社区与现实课堂有机结合；教学规模呈现分散式、翻转式的个性化教育。第三次学习革命发生的深刻变革，加速了儿童学习的变革，儿童学习的定义也呈现多元化。《人是如何学习的》一书中指出关于学习的话题呈现以下的方向：认知心理学的研究加深了人们对能力表现的本质和知识组织原则的理解；发展心理学的研究表明儿童能够理解大量的生物学基本原理和自然界因果关系，为发展儿童早期的高级推理能力引入重要的概念；学习和迁移的研究向我们揭示了构建学习经验的重要原理；社会心理学、认知心理学和人类学方面的研究成果表明，所有的学习离不开特定的文化模式、社会规范和期望；神经科学的发展揭示了学习是如何改变大脑的生理结构和大脑的机能性组织的；互联网等新兴技术带领人们去开发许多引导和增强学习的新机会。（约翰.D.布兰思福特等，2013）

第四节 儿童学习的数字化转型

1996年，美国民众掀起推动学校联网的“网络日”志愿活动，政府随后提出“教育技术行动”纲领。该纲领指出：到2000年，全国的每间教室和每个图书馆都连上“信息高速公路”，每个孩子都能受到21世纪的技术文化方面的教育。中国从1995年开通中国教育科研网，在2001年全面实施中小学“校校通”工程，以信息化带动教育的现代化，努力实现基础教育跨越式发展。当前，通过网络教学平台，学习者不仅学习课程内容，而且参与各种教学活动，如学生提交作业、师生交流、讨论解疑等。2010年，我国基础教育进入新一轮的课程改革，课堂教学进行了深化改革，发展信息化教育模式，探索互联网技术、系统软件支持下的课题教学形式，形成新的教学框架和操作方式。同时，课程改革鼓励教师学会运用信息技术融合教学，探索适合学生发展的学习方式等。基于此，学校也加快发展和提供信息化的硬件设施，给学生、教师提供学习的平台，完善智慧课堂的建设，形成具有学校特色的数字化校园环境。

数字化思维驱动儿童学习的内涵就是基于人工智能、大数据、移动互联、虚拟现实和增强现实等新一代信息技术，以知识和数据为核心要素，以教育智慧化为核心内容，以促进教与学的开放、共享、协同、融合创新为核心特征，形成具有创新性、协同性、可持续性、可预见性的一种新教育发展形态。

随着新课程改革的全面实施，互联网技术在学校教学中的应用越来越普遍。一方面，新课程的实施加速了教育信息化的进程；另一方面，互联网技术在改变着校园生活的同时，也在悄然改变传统的儿童学习方式。为了更好地推进素质教育和学校教育现代化的发展进程，需要改革教学内容、方法和手段，进而实现基础教育的跨越式发展是教育现代化的必由之路。

数字化思维与儿童学习结合的研究顺应了信息化社会发展的迫切需求，能成为把数字化思维和儿童学习的方式、方法有效结合的助推器，保障课程改革。构建在数字化思维驱动下的数字环境，使得儿童学习更加精准、可见、可视，不断提升学生的思维能力，培养儿童良好的学习方式，从而提升学生全方面的学习能力。学校将重点研究在数字化思维的推动下，开发适合每一位儿童的多元学习方式，培养他们积极主动、有效合作以及个性化的学习能力，不断提高儿童的学习素养。

借助数字化思维不断更新教师的教育观念。教师是儿童学习的教授者，所以在研究过程中需要更新教师的育人观、课程观和教学观，提高教师专业水平，为教师的专业发展搭建合适的平台。改变教师传统的教学模式，让教师尝试利用例如PAD等移动终端来组织课堂学习。重新定义教师角色，教师可以成为学习体验设计师、学习引导师，探索开发具有学校特色的多元学习模式，归纳和总结出各学科利用数字化思维的学习手段，形成学校各学科多元的学习形式。

在数字化思维驱动下，学校重点研究如何面向每一个学生，开发适合他们的新的学习方式，培养学生自适应学习、个性化学习以及沉浸式学习的能力，不断提高学生的学习素养。数字化思维能促进儿童学习形态的转型，也能改变教师传统的学习概念，让教师尝试使用互联网新技术、新思维来进行课堂教学创新，变更儿童的学习形态，促进儿童学习从浅层学习走向深度学习。

首先，从“关注儿童学业成就”转变为“关注儿童学习品质”。为了解儿童学习的现状，学校通过调查问卷、师生访谈等对全校学生进行深度调研，调查内容包括阅读能力、品德行为、学习品质、身心健康、教学方式、师生关系等，以全方面了解儿童学习方法的掌握情况、儿童身体认知的发展基础以及学习内驱力和学习习惯在内的儿童学习风格等。关注数据背后蕴含的儿童个体、集体学习素养，真正将视角从关注儿童学业成就转变为关注儿童学习思维。

其次，通过大数据分析，描绘反映儿童学习品质的数字画像。学校基于“学习大脑”平台，从儿童思维发展水平、学科知识技能、能力表现等维度，构建个人、班级、年级层面的专属数字画像，让教师清晰掌握学生的能力分层和个体差异情况。借助前测单、导研单、后测单三表诊断，聚焦学生的素养点、差异点，分析、评估儿童的薄弱点。教师定期跟踪儿童的学习结构变化和影响因素，了解学习增量，关注儿童个体成长。

再则，数据反馈让思维可见，实现儿童精准学习。以往儿童思维的变化主要通过语言描述呈现，比较单一和抽象。学校借助信息技术，将学习过程动态呈现，让学生思维的变化可见。借助数据精准掌握儿童对学习知识的掌握情况，分层推送合适的学习任务，更利于个性化学习。依据实时生成的数据，快速、全面地了解每个儿童和小组的学习效果和思维变化，从而实现深度学习和精准点评。

最后，总结学习方式的多元策略。针对儿童个性化画像中的长短板，学校尝试通过项目式、混合式、互动式学习策略，搭建“自主＋合作＋探究”平台，开展合作探究学习，生成有效的过程性评价。借力信息中心，在数字画像、能力分层雷达图的基础上，对能力增量相关的数据进行分析，关注能力素养、方法掌握、全面分析等五项能力维度。学校为每个班级、每门学科定制“能力增量”的评价模型，形成“一班一科一报告”。

近年来，杭州市行知小学承担着全国教育科学“十三五”规划教育部重点课题“‘互联网思维’驱动下儿童学习的策略与研究”、省级教育科学规划重点课题“‘学・教同频’：大数据支撑下‘可见的学习’实证研究”、市级课题“行知探索：互联网思维促进儿童学习转型的校本创新”等研究。这些课题的实践价值在于深入研究儿童学习方式变革，符合教育发展趋势，具有科学性和实效性。通过研究，切实改变育人模式，改进学生的学习方式，提高教学效率，形成新时代学校的学习新方式、新形态。

第二章

语文习作的理解学习

第一节　HiTeach驱动语文习作

一、语文习作的现状简析

习作教学一直是语文教师教学工作的一个重点，但习作指导课却很容易变成一言堂，教师负责讲，学生负责听。许多学生在课堂上是被动的参与者，习作的积极性没有得到充分发挥，学习的主体地位也没有得到很好地体现。根据笔者长期的观察，发现主要存在以下三个现象。

（一）**按部就班，缺乏灵动性**

许多教师在指导习作时往往利用传统的PPT课件先出示题目，再明确要求，指导写法，等自认为已把该讲的都讲透了后才放心让学生自己完成习作。这样的作前指导模式看似无错，实则无味。PPT课件本身存在线性、单向的弊端，教师如果长期如此按部就班地进行教学，课堂就缺少了灵动，学生在日复一日的单调的指导中会更容易产生疲倦感，课堂效果就会越来越差。

（二）**分身乏术，缺乏互动性**

一节习作指导课的时间最多只有40分钟，时间非常有限，对于班级平均人数在40人以上的教学班来说，教师分身乏术，很难在一节课中对每一位学生都给予关注。同样，学生之间也很难打破教学形式限制，与更多的同伴以丰富多样的形式分享自己的习作。这种缺乏师生、生生课堂互动的现象导致许多学生逐渐成为课堂“旁观者”，对学习失去兴趣。

（三）择日再议，缺乏即时性

有的教师认为在习作指导课上学生当场写完指定的习作就算结束了，至于习作的整体质量如何则是在批改完后才需要择日再议的问题。这样的观念会使教师错失课堂上评改习作的许多良机，缺乏评改的即时性。因为，等到教师将全部习作精批细改完再来评改时，学生已对习作产生了一定的距离感，评改效果自然也就不尽人意。

随着社会信息化的发展，学校进入了数字化学习环境，新的现代教育技术不仅仅是教师教学的辅助手段，也已成为学生转变学习方式的方法和途径。教师可以将新的现代教育技术和习作教学相结合，推进教学方式和学习方式的转变。HiTeach是一种新的互动教学系统，已被运用于多门学科的教学实践中并得到广泛认可，其优势也在日渐凸显。将HiTeach这项新的现代教育技术与习作教学相结合，力求改变现有弊端，构建新的学习模式。

二、HiTeach驱动语文习作的教学优势

HiTeach结合了IWB电子白板、DC实物投影仪和IRS实时反馈系统。三合一的教学系统具有灵动性、互动性、即时性三大核心优势，能为教师提供便捷的教学管理。

（一）灵动性

HiTeach中的电子白板支持教师在课堂上可根据学生的课堂表现进行灵动地指导和评价，给予学生个性化的建议和帮助，为学生的个性化学习创造条件，满足学生的学习需求。

（二）互动性

教师可基于IRS即时反馈系统，随机采取多种互动形式，改变“教师

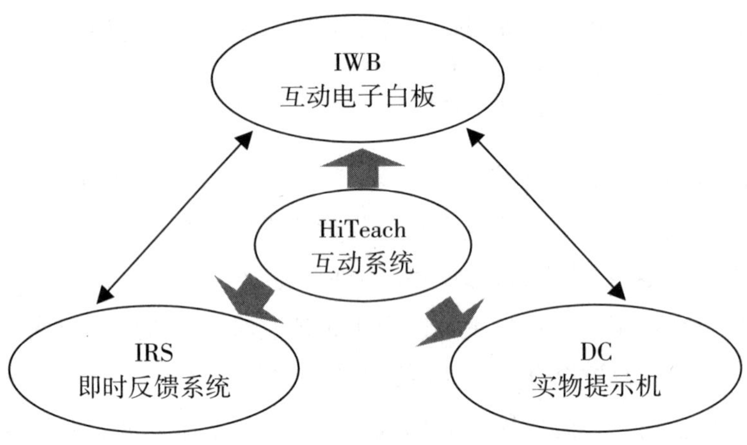

HiTeach互动系统构成图

问，学生答”的单一模式，在课堂上适时地组织学生对学习内容和学习过程进行交流和合作，并给予激励性评价，提高学生的学习参与度和思维发散水平，从而提升学习能力。

（三）即时性

HiTeach中的DC实物投影仪与普通投影仪的不同之处在于可以与移动终端相连，在移动终端上操作的一系列指令均可通过投影同步呈现。教师在此系统的支持下，可以即时反馈学生的学习成效，大大提高了课堂的教学效率。

三、HiTeach驱动语文习作的教学模式

基于数字化思维驱动的理解学习方式，在语文学习领域，我们设计借助HiTeach驱动语文习作的教学模式，创设灵动评价、有效互动、即时反馈的课堂氛围，可以有效地构建习作指导的新模式。

（一）确定学习主题

教师确定本次习作的主题，学生根据主题寻找相关的素材，根据习作

的要求准备及确定相应的HiTeach功能。

（二）开发习作资源

根据习作的主题，教师开发习作资源，包括课堂教学资料、素材资源、评价资源等。

（三）预备学习尝试创作

根据所学内容，教师借助HiTeach激活学生的思维，调动学生原有的认知，让学生有活力地创作。

（四）互评互改，内部研讨

借助HiTeach，教师以组织者的身份，在评改习作时即时对学生作文进行反馈和点拨，让学生能够“趁热打铁”对习作进行修改。更重要的是，教师可以组织学生在系统内进行互评、互改，其中修改可以进行多次，从而提升学生的习作能力。

（五）展示评价，向外学习

学生在完成习作后，借助HiTeach进行展示交流；系统可以同时展出几份典型习作，便于全班同学进行比较评价，也便于学生对同伴的习作进行“献花”“点赞”等多样化评价。

第二节　HiTeach驱动语文习作的学习策略

借助HiTeach，可以改变以往课堂上的“三缺”现象，使学生在灵动评价、有效互动、即时反馈的氛围中经历学习过程。

一、作前指导，灵动指路

众所周知，习作作前指导是习作教学的一个重要阶段。教师可以借助HiTeach中丰富的功能营造氛围、创设情境、明确方向，让学生进入习作的最佳状态。

（一）激趣导入，开灵动之门

学生对习作不感兴趣在一定程度源自于习作指导缺乏趣味，对课堂的“无感”便会演化成对习作的“无意”。HiTeach支持与多种格式的文件兼容，教师在新课导入时插入音乐和视频，从听觉和视觉上引起学生的共鸣，引发他们的表达欲望。

1. 播放音乐，激发兴趣

小学高段的学生对流行歌曲比较感兴趣，通俗易懂的歌曲很能吸引他们的注意力。所以，教师可以选取优秀的流行歌曲并引入课堂，辅助学习。在习作教学中，笔者就曾利用HiTeach实时导入学生喜闻乐见的流行歌曲，让他们在优美的乐曲声中开始习作练习。

案例

听歌谈理想

上课伊始，笔者用名言导入，请学生说说自己的理想。“理想”一词在学生的生活中使用不多，所以许多学生似乎不好意思说出心里的想法，也不愿举手发言。笔者随即想到用《我的未来不是梦》这首歌来调节气氛，于是点击HiTeach的多媒体数据库，选择播放歌曲《我的未来不是梦》。果然，充满正能量的歌词和动听的旋律立刻吸引了学生，学生渐渐打开了心扉，纷纷畅谈自己的理想。

2. 插入视频，入境体验

根据教学的需要，有时候生动直观的视频资料能够给学生带来入情入境的感受，为一堂课的学习打开趣味的大门。在HiTeach的空白页面中插入视频资料十分方便，在空白处单击鼠标右键并选择“插入素材”即可。相比于在PPT课件中插入视频，HiTeach中插入视频的速度要快得多。

案例

看演讲视频，学习习作技巧

“祖国在我心中”这个主题比较宏观，也比较抽象，学生很难驾驭这类主题的演讲稿。所以，在作前指导时，笔者在HiTeach中插入一段“祖国在我心中”的演讲视频让学生观看。视频中的演讲者声情并茂，富有感染力。通过欣赏这段演讲视频，学生不但真实地感受到了演讲稿的语言特点，也从演讲的内容中学会了选择材料的方法，即从祖国的历史与现实、光荣与耻辱等方面思考，而且激发了自己的爱国热情。这也使后续的习作水到渠成。

（二）注记初评，续灵动之路

在高段习作教学习中，笔者通常会在每次习作前安排学生完成一份相应的习作准备表进行自主准备。但是传统文档很难进行生成性操作，教师不便于在课堂上初评习作准备表时对其进行批注等操作。在HiTeach智慧教学系统中，教师则可以在电子白板页面中利用手写笔，在空白页面中进行注记，让指导变得灵活、及时。

1. 符号圈画，明确方向

学生能够自主完成习作准备表是值得肯定的表现，如果教师在上面进行大量的批注会使学生产生强烈的挫败感。但是，如果只是口头评议习作准备表，许多学生要么不能完全理解，要么带着“事不关己”的态度不能认真听讲。所以，笔者在评改习作准备表时遵循“能圈不写”的原则，既保证了教学的有效性，又保护了学生的积极性。HiTeach工具条中的“智慧笔”，可以自由调节颜色和粗细，在教师完成手写圈画后能自动生成规范的圆，便于操作，又能让学生清楚地知道修改方向。

案例

红圈明要求——六上习作“自我保护”准备表评改

此次习作前，笔者先批阅了学生的习作准备表，发现不少学生在简要表述危险事件时没有写出六要素细节或没有写清楚自我保护的方法。于是，笔者将一位学生的习作准备表（兼具以上两个问题）输入HiTeach的电子白板空白页面中，在和学生共同探讨的过程中顺势在“六要素”和“自我保护”处用加粗线画了圈，提醒学生修改。

第四单元习作准备　　　　姓名：

你亲身经历过的或你认为很有可能发生的危险有哪些呢？请选择最有可能的一项，也可以自己在横线上写其他内容，还可以参考书本P168上的《智慧之花》一文，为自己提供一点思路。

描述这次危险经历（六要素）：我和于天源在一个没人的水塘边玩，于天源一不小心被石头绊倒滑向了水塘。

采取什么自我保护的方法来应对这次危险或困难？

我拿着树枝把他引过来。

对于六年级的学生而言，改正这样的错误不难，教师只需通过圈画点拨就可以达到比较好的教学效果。可以说，操作方便、颜色醒目的智慧笔很好地满足这样的教学需求。

2. 简要批注，高效评改

如果学生的习作准备表中确有需要当堂纠正的内容，教师可以用HiTeach中的文本框书写做简要批注。与在PPT中做批注相比，在HiTeach中，教师只需点击电子白板页面工具条中的“文字输入”就可以在需要处做批注，提高了教学效率。

案例

批注纠错误——六上习作“各地的民风民俗”习作准备表评改

本单元习作要求写出某个地方的一个民风民俗，不少学生在填写习作准备时把“地域”和“民风民俗”混淆在了一起。于是，笔者结合一位学生的习作准备表进行有针对性的评议。首先在“漳州”一词处画圈，引导学生关注并思考地名是否等同于民风民俗，等学生集体交流得出结论后再在旁边划线，并在空白处批注“非民风民俗”，提示学生此处概念混淆。同时，在后续的评议中圈出“艺术文化”和“美食”并在两者中间位置批注“二选一”，给予学生明确的指导。

利用手写笔在HiTeach中对文档进行操作就如将学生的纸质作业放在投影下用笔批注一样方便，而从视觉效果来说，这样的批注更清晰，学习效果也更好。

（三）活动热身，创灵动之境

学生进行习作练习的灵感需要被唤醒，教师可以组织相关的活动调动学生的各种感官，让他们充分感受和体会。但是，如果每次习作都要组织相应的活动，对于教师而言无疑是增加了备课的工作量。过于热闹的课堂氛围，也不利于学生的学习。为了既能达到较好的指导效果，又不给自己增加过重的工作量，笔者在教学中尝试借助HiTeach的相应功能灵活地创设情境。

1. 四方遮幕，猜读范文

范文引入是习作教学中一种重要的学习手段，教师如果能够在课堂上恰当地呈现习作范文往往能起到事半功倍的效果。HiTeach中有“四方遮幕”这一工具，即拖移四个边可以改变遮幕范围。笔者就利用这一工具进行猜读范文的活动，让学生在“猜一猜”的活动中调整思绪，快速进入良好的习作状态。

案例

猜读激想象——六上看图习作范文猜读

本单元习作是看图作文，教材中出示了一群鸭子排队过马路的图。小学高年级学生接触需要发挥想象的看图作文习作并不多，需要教师帮助他们展开想象，发散思维。教学这单元习作时，笔者先引导学生打开思路，接着出示了一篇内容丰富、情节生动的范文，点击“四方遮幕”这个工具将后面部分的情节遮罩

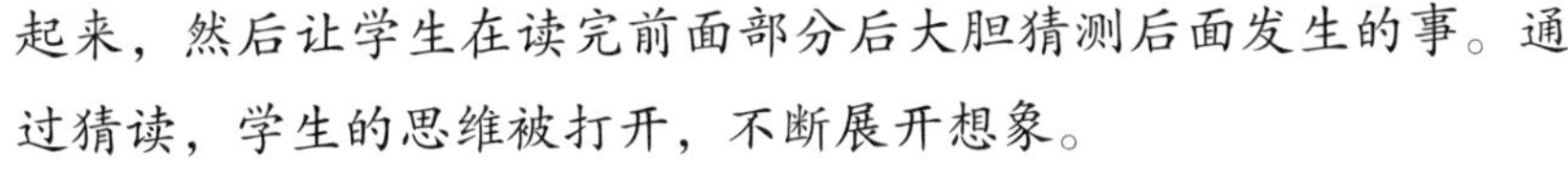
起来，然后让学生在读完前面部分后大胆猜测后面发生的事。通过猜读，学生的思维被打开，不断展开想象。

在猜读活动中，“四方遮幕”的滚动带出了学生极为感兴趣的情节，让他们体验到了猜中情节时的成就感，也为完成习作增添了几分信心。

2. 画写联结，降低难度

小学高年级的学生非常喜欢人物写生，也掌握了一定的人物写生技巧。借助HiTeach中的“通用笔”和“橡皮擦”，学生可以在写人物习作时先画一画人物的外貌。直观的图画可以帮助学生抓住人物特征，降低习作难度，还可以帮助他们修改习作。

案例

画像显特点——五上习作“我的小伙伴”习作指导

“我的小伙伴”这篇习作要求学生能够抓住小伙伴的各方面特征来介绍小伙伴，包括外貌、性格特征等。指导本次习作时，笔者把前面部分教学的重点落在描写人物外貌特征上。上课伊始，笔者就请一位学生在HiTeach的空白页面上画出小伙伴的外貌，但该学生没有画出外貌特点。于是，我请另一位同学上来修改，突出外貌特点。经过这样的绘画活动后，学生就比较容易抓住特点来观察，从而写出小伙伴的外貌特点。

这样，借助HiTeach平台，学生可以把图画和文字有机融合，直观地感受修改习作后的进步。这既增强了课堂的趣味性和实效性，也有利于提高学生的习作水平。

二、作中交流，互动夯实

互动的作中交流是指教师在巡视学生完成习作的过程中组织的师生、生生互动交流，以此进行细致的指导，夯实学生的习作基础。HiTeach具有强大的互动功能，笔者借此着重培养学生的习作能力，激发习作热情。

（一）关注个体，进入互动角色

教师在做了必要的习作指导后让学生自行其文的现象不在少数，这种松散的习作模式不利于学生习作能力的提升。为了构建习作过程中高效的互动模式，首先教师要转换角色，成为创设氛围、提供机会的组织者；其次，要关注每一位学生的习作状态，积极与学生进行互动。笔者利用HiTeach，通过限定时间和聚焦细节，充分关注学生习作方法的指导和习作能力的培养，避免了课堂上师生交流的简单模式。

1. 限时习作，关注速度

《义务教育语文课程标准》中明确提出，小学高年级学生“习作要有一定速度”。为此，教师应该鼓励学生在规定时间内完成相应量的一篇习作。在单一的学习模式下，教师很有可能只是把“有一定的速度”落实在口头要求中，而借助HiTeach中的“计时器”，教师则可以关注到学生的习作速度。例如，在学生习作时，教师就利用“计时器”让学生进行限时作文。

案例

高效写梗概——五下习作“《将相和》梗概”教学片段

学生第一次接触写梗概，比较陌生，本次习作教学中需要教师的“扶”。在指导学生写《将相和》的第一个故事“完璧归赵”的梗概后，笔者打开“计时器”，让学生运用已教授过的方法在10分钟之内写完第二个故事“渑池之会”的梗概。计时器的造型形象有趣，倒计时间明显，学生在此驱动下，纷纷开始动笔，大部分都能在规定时间内完成相应的片段写作。

计时器

2. 聚焦细节，关注方法

课堂上，教师要实现和学生的有效互动必须建立在充分关注学生的基础上，因为只有了解了学生并掌握了学生的学习态势，才能有针对性地与他们交流。在交流中，教师就要关注学生习作的细节。HiTeach中的“聚光灯”可以对页面的一些细节进行聚焦，起到突出强调的作用。当学生的习作中出现需要特别强调的细节，如标点、字词等，教师可以利用“聚光灯”来凸显问题，排除旁边图文的干扰。这些细节往往能够巧妙地拨动学生的思维之弦。

案例

亮眼看细节——六上看图习作“街头一幕”评改

学生在当堂习作时，笔者进行了巡视，发现部分学生在观察画面时缺乏重点。本单元习作的一个重点是巩固写人的基本方法，包括动作、神态、心理等。插图上虽没有人，但对鸭子的描写仍然需要用到以上方法。然而，许多学生都忽视了这一点，因此，在评改中，笔者请学生再次看图，利用“聚光灯”将学生的目光聚焦到过马路的鸭子上。在排除了干扰后，学生再次认真观察，纷纷发现了它们的动作和神态等方面的特点，并据此对习作进行修改。

利用“聚光灯”有效聚焦

聚光灯的简单运用可以帮助教师在教学中突出重点、有效聚焦，提高教学的实效性。

（二）全面反馈，激活互动思维

在集体评议习作片段时，由于受到时间的限制，教师很难在课堂上关注到每个学生的理解度和认同感。为了让典型片段的集体评议更具有效性，在HiTeach的支持下，教师可以借助IRS系统让每一位学生参与选择和反馈，在师生互动中激活学生的思维。

1. 任务推送，直观学习

即使教师在讲评习作时做到细致入微，但是例文并不能代表全部学生，仍有一些学生在修改自己的习作时找不到方向，游离在课堂之外。为了避免传统课堂的这一局限性，笔者在指导一个习作要点后利用HiTeach中的“任务推送”工具向每一位学生发送一项学习任务，学生便能通过学习接收器接收这项任务，得到可视的参考文本和方法并能据此做修改。

案例

仿照写动词——六下“自我保护”习作评改

笔者在巡视学生习作时发现有的学生在叙事过程中用词单一，只会采用最基本的动词，甚至一个段落中都用同一个动词。

这样的习作显然是单调且没有活力的。于是，笔者选择了一位学生习作的一个片段作为范例来指导学生如何将动词用得准确又丰富，以便学生仿照此片段来修改自己的习作，最后将带有批注的页面通过“任务推送”推送到学生终端，学生就可以通过自己的平板接收任务。有了明确的要求和可参考的依据，学生的自我修改就能做到切实有效。

通过任务推送，学生能更好地接受教师的点拨和指导，也有了直观的学习案例。这不仅降低了学生学习的难度，而且提高了学生参与课堂活动的积极性和学习效果。

2. 即问即答，把握学情

在传统的课堂中，教师出示一个问题，能做出相应回应的学生人数有限，则教师很难准确地了解每一位学生的思维动态。IRS系统具有“即问即答”功能，教师可以根据教学需要随机设置问题。学生每人分得一个遥控发射器，答题时只需在遥控发射器上做出相应的选择，教师便能清楚地掌握每一位学生的答案。例如，教师先出示两个习作题目，分别标注为“1”和“2”，请学生根据自己对该次习作的理解选择自己喜欢的题目并在发射器上选择相应的编号。这样，教师翻牌后，对学生的选择就可以一目了然。

遥控发射器

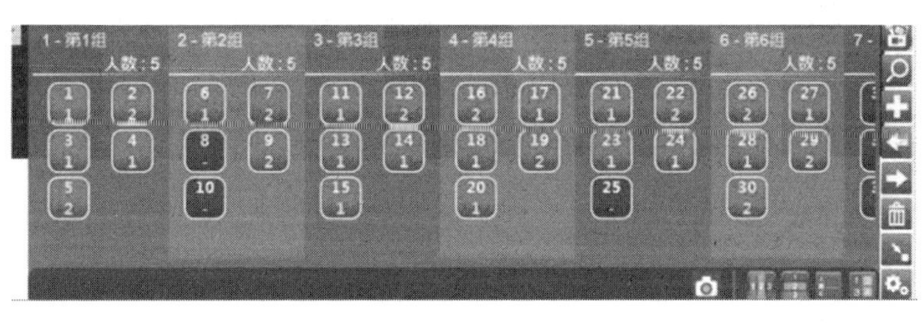

选项翻牌

即问即答的学习方式，不但充分调动了学生参与学习的积极性，有助于学生集中注意力，还尽可能地让每一位学生参与和教师的互动，提高学习效率，有利于教师在第一时间把握学情。

（三）创新作答，点燃互动热情

许多教师采用赏识性评价来树立学生的自信心，而在数字化时代，笔者创新性地利用数字技术来调动学生的积极性。HiTeach 具有“随机挑人”和“实时抢权”两项功能，教师在习作指导时适度运用能够点燃师生、生生互动的热情，对活跃课堂气氛非常有效。

1. 随机挑人，人人参与

如果在学生学习热情并不高涨的习作课上教师采用口头指名的问题回答方式，课堂往往会陷入尴尬的境地。笔者在教学中改变了这种方式，事先将每位学生的照片和名字输入 HiTeach 中，时机合适的时候让 HiTeach 随机挑人。这种方式能让平时课堂上的沉默者也能成为课堂活动的参与者。教学第一单元习作《大自然中的一员》时，因部分学生羞于朗读自己的习作，笔者运用这种随机挑人的方式，不仅让学生兴奋并获取了平等的机会，而且打开了心理防范的闸门。

2. 实时抢权，主动作答

要让学生能够保持较长时间的习作热情，还需要教师设法让学生主动参与到学习活动中来。笔者采用 HiTeach 的“实时抢权”工具做了尝试。

“实时抢权”由教师口头发问，学生使用遥控器抢答，让课堂上充满竞争感。教学六下自由习作《沮丧的一天》时，笔者先出示一个漏洞百出的习作片段，让学生通过抢答的方式来表达自己发现的问题。这样，就在潜移默化中培养学生主动学习的意识和能力。

第三节 HiTeach驱动语文习作的学习评价

借助HiTeach，教师可以在课堂上及时指导学生进行习作评改，提高评改效果。

（一）即时讲评，捕捉契机

学生完成习作的过程也是教师捕捉教学契机的过程，教师在课堂巡视中要善于发现学生当堂习作中的亮点和不足并即时进行评改。在传统的课堂上，教师利用PPT或投影很难做到真正意义上的同步呈现，因而也就不能实现真正的即时讲评。在HiTeach的支持下，教师可以轻松实现即时讲评。

1. 拍照上传，即时呈现

在HiTeach的支持下，教师可以利用手机终端的“相机”拍下多个典型片段，在点击“上传”后，相应的图像就会呈现在屏幕上。这不仅省去了借助其他软件或工具传送图片的时间，而且节省了宝贵的课堂教学时间。当教师讲评到其中一个片段时还可以点击相应的图片放大尺寸，使图片大小呈现最佳的视觉效果。

案例

对比寻差异——六下第四单元习作“自我保护”片段

在巡视学生习作时发现有的学生取题新颖、文质俱佳，如《意外的火花》。小作者能紧扣习作要求，记叙自己在操作科学实验时出现了漏电现象，最终凭自己的机智解决了问题，习作内容十分扣人心弦。但有的习作有偏题之嫌，如《路堵心不堵》。堵车并非意外，而作者却曲解了。于是，笔者分别拍下了这两篇习作的重点片段并上传至平台，让学生自主阅读，发现他们在取题的方法和行文的构思等方面的特点。

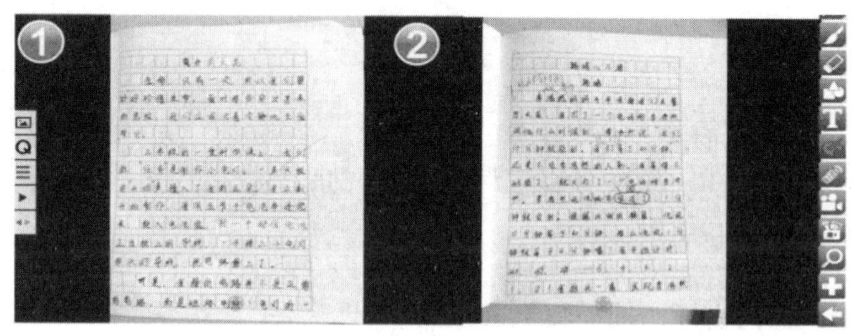

拍照上传典型片段

通过拍摄学生习作中的典型片段并将其上传至白板页面进行呈现，供全班同学借鉴学习，既保护了学生的自尊心，又能够在第一时间纠正不足或表扬典型。据此，学生就能有针对性地审视自己的习作并进行修改，从而避免群体性错误。

2. 科学统计，即时改进

上述案例中，等学生读完两个片段后，笔者推送了一项学习任务：“两篇文章中，你更喜欢哪一篇?”请学生通过发射器发送选择结果。几秒种后，所有的答案在翻牌上一目了然。但是，教师得到的是零散的、个体化的学情，要想整体把握班级学生的认知程度还可以通过 IRS 技术进行整合统计，得到结果，分析学生选择有偏差的原因，从而

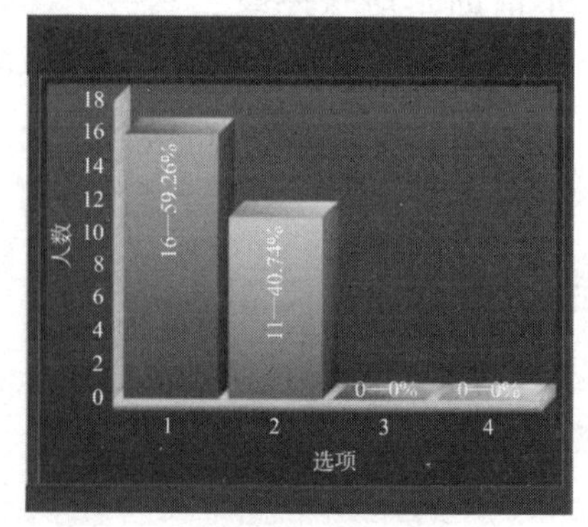

选项统计

促动教师采取相应的辅导措施，帮助学生纠正错误，进入新一轮互动。

例如，有40.74%的学生喜欢第二篇，说明还有将近一半的学生对本次习作没有很明确的定位，还需教师给予及时引导和纠正。

IRS系统实时统计图能够反馈准确的学情数据，有利于教师尽快掌握学生的课堂学习效果，更有效地调整后期的教学策略。

（二）即时展示，树立榜样

在以往的教学中，笔者多次在批改完学生习作后指导学生修改习作，最后利用多种资源、多种方式搭建平台展示相对优秀的习作，促使其他学生借鉴并产生共鸣。在HiTeach中，教师不但可以展示习作的成稿，还能利用微视频对过程性表现进行即时展示，为学生适时树立学习榜样，这也成为学生愿意主动修改习作的强大助推力。

1. 多图并现，即时对比

教师可以利用手机终端拍下学生经一次和多次修改后的习作，再用分割画面的方式进行同屏呈现。当有需要将其中一篇习作放大时，只需点击相应的图片就可以放大展示。即时的对比，让学生更加清楚地看到自己修改后的习作的进步之处，这也有利于增强学生的自信心。

2. 视频展示，即时观摩

《义务教育语文课程标准》中指出，要鼓励学生相互评改习作。据此，笔者时常鼓励学生在规定时间完成习作后与同桌相互交换习作并批阅。但是，一部分对语言不敏感，生活体验也不丰富的同学在批阅他人习作时会走马观花，不知从何下笔。笔者利用“微视频”功能拍下批改能力较强的同学在批改他人习作时的视频，对其批改时的专注度和批改方法进行特写，即时上传大屏幕供其他学生观摩学习。等互批结束后，笔者在大屏幕中播放刚才所拍摄的微视频，同时请相应的学生结合视频介绍批改方法，带动其他学生学会批改习作。

（三）即时激励，培养自信

小学高段的学生虽相对内敛，但他们的内心仍然渴望自己的习作得到大家的赞许。教师及时的激励将成为学生进一步学习的动力，有助于培养学生的兴趣和自信心。所以，笔者利用HiTeach的多种资源，为学生搭建信息化平台来展示习作。

1. 点赞记分，即时激励

教师经常在低年级课堂上采用组际竞赛来调动学生的学习积极性，如教师在黑板的一侧写上组号，当有相应的奖励时就在相应的组号下打星或打钩。HiTeach将这一方法进行升级，教师可以直接在系统中通过“记分榜”进行即时的点赞奖励，还可以选择多种奖励图，如爱心图、笑脸图、汉堡图、小猫图等。记分榜有利于激发学生的竞争意识，并促使学生发散思维，在愉悦的气氛中参与学习。

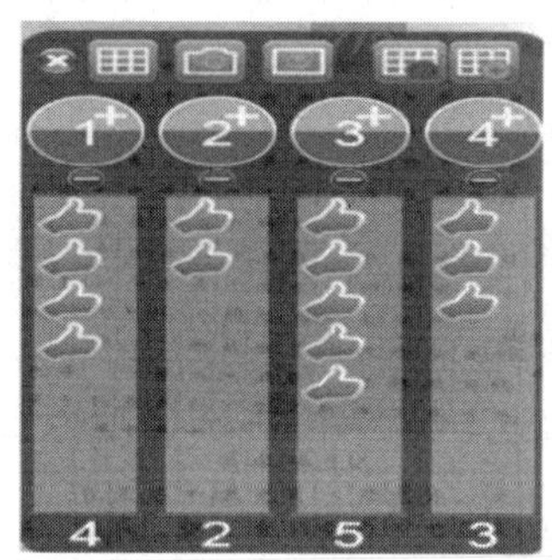

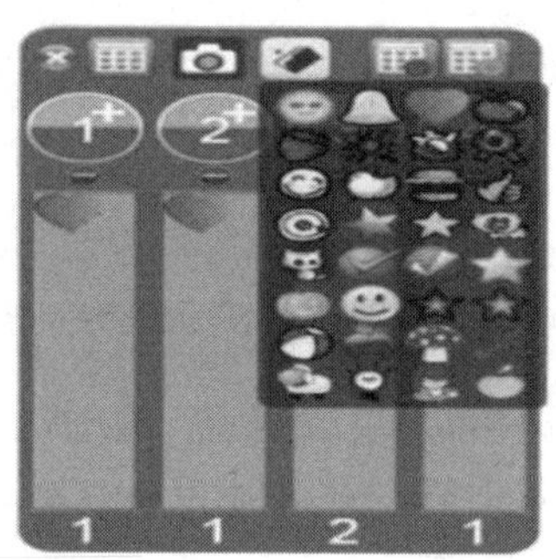

记分榜点赞奖励

2. 链接网页，即时联动

除当堂完成的单元习作外，高段学生还需在家完成如周记、假期作文等习作。为了能够在课外及时评改学生的这些习作，笔者鼓励学生在完成习作后发送到班级平台。这类习作往往图文并茂，记录了学生丰富的课余生活，若要将这些习作下载并整理，需要一定的时间，所以呈现在相关网页支持用户直接浏览是最方便的。但在演示PPT时，教师需先退出PPT，再点击浏览器浏览，比较烦琐。HiTeach有“最小化”功能，只要将其最小化，教师事先打开的相关网页就会出现，两个界面相互兼容、操作便捷，学生可以在线欣赏其他同学的习作，实现线上线下即时联动。

第三章

语文诗歌的数字化学习

第一节　确定诗歌数字化学习内容

教材是践行课程标准的载体，小学语文统编新教材是对小学生实行“立德树人”“文化育人”“继承和弘扬优秀传统文化”教育的重要载体。统编新教材中古诗词的篇目大幅度增加，题材类别更为丰富。学习古诗词有利于增强学生对古诗词的认知和情感体验，传承优秀传统文化。

古诗词篇目众多，分布在各册教材中，为有效开展资源建设，将古诗词按主题进行分类，按年级罗列小学语文统编教材中的古诗词教学内容。为保证资源质量、提高建设效率，通过设计“古诗词学习主题资源建设单”，从教案、课件、微课、练习、素材这“五件套”入手，采用分组的形式邀请各年级备课组合作开展主题资源建设。依据年段特点和古诗词教学目标，各学段资源可有所侧重，如低年级偏重朗读、感知类素材资源，中年级侧重有助于诗词理解的拓展类资源，高年级侧重有助于学生体会情感的资源。

根据新课标对于诗歌的相关要求以及运用APP进行诗歌教学的特点，我们将“APP＋诗歌”领域的学习材料进行了梳理。

背景资料

情感抒发类古诗词

古诗词类别		APP选用	应用场景	图片展示
思乡情	《宿建德江》	为你诵读 诗词大全 为你写诗	朗读示范 朗读练习 朗读评价 诗境欣赏 资料查找 背景学习 诗词创作	
	《静夜思》			
	《枫桥夜泊》			
	《望洞庭》			
	《泊船瓜洲》			
	《出塞》			
亲友情	《游子吟》			
	《九月九日忆山东兄弟》			
	《七步诗》			
	《赠汪伦》			
	《黄鹤楼送孟浩然之广陵》			
	《送元二使安西》			
惜时情	《长歌行》			
	《春晓》			
	《劝学》			
	《明日歌》			
	《长歌行》			
	《满江红》			
	《金缕衣》			
	《浣溪沙》			

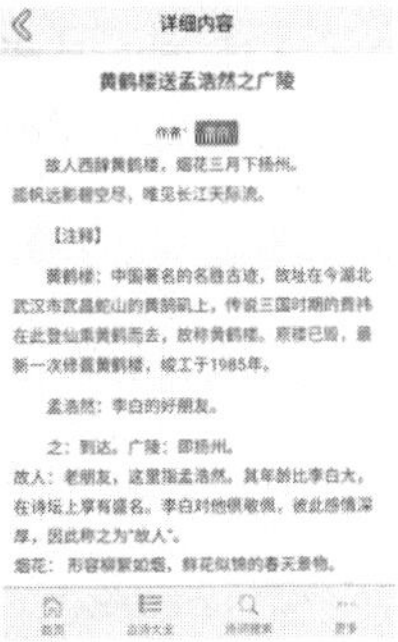

续表

古诗词类别		APP选用	应用场景	图片展示
言志诗	《江雪》	为你诵读 诗词大全 为你写诗	朗读示范 朗读练习 朗读评价 诗境欣赏 资料查找 背景学习 诗词创作	
	《墨梅》			
	《石灰吟》			
	《竹石》			
	《夏日绝句》			
	《菊花》			
	《梅花》			
	《莲》			
	《蜂》			

背景资料

自然风光类古诗词

古诗词类别		APP选用	应用场景	图片展示
山水田园	《题西林壁》	爬梯朗读 婷婷诗教 古诗词典 为你写诗	朗读练习 朗读评价 诗境欣赏 资料查找 背景学习 读写结合 诗词创作	
	《望庐山瀑布》			
	《望天门山》			
	《望洞庭》			
	《望湖楼醉书》			
	《饮湖上初晴后雨》			
	《乡村四月》			
	《四时田园杂兴》			
	《渔歌子》			

续表

古诗词类别		APP选用	应用场景	图片展示
边塞风光	《使至塞上》	爬梯朗读 婷婷诗教 古诗词典 为你写诗	朗读练习 朗读评价 诗境欣赏 资料查找 背景学习 读写结合 诗词创作	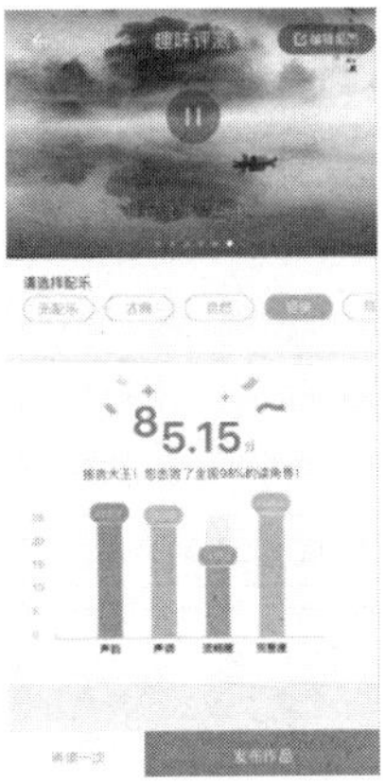
	《凉州词》			
	《从军行》			
	《出塞》			
	《塞下曲》			
	《别董大》			
花草树木	《小池》	爬梯朗读 婷婷诗教 古诗词典 为你写诗	朗读练习 朗读评价 诗境欣赏 资料查找 背景学习 读写结合 诗词创作	
	《江南》			
	《梅花》			
	《墨梅》			
	《长歌行》			
	《寒食》			
	《咏柳》			
	《绝句》			
	《竹石》			
	《竹里馆》			
	《惠崇春江晚景》			
春夏秋冬	《春日》	爬梯朗读 婷婷诗教 古诗词典 为你写诗	朗读练习 朗读评价 诗境欣赏 资料查找 背景学习 读写结合 诗词创作	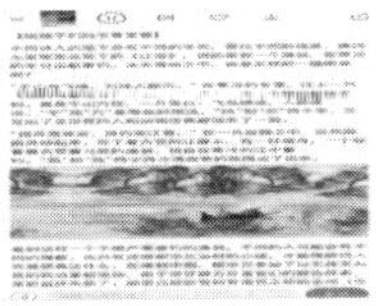
	《春晓》			
	《忆江南》			
	《清明》			
	《绝句》			
	《小池》			
	《晓出净慈寺送林子方》			
	《秋夕》			
	《山行》			
	《枫桥夜泊》			
	《江雪》			

第二节　建设诗歌数字化学习平台

根据诗歌的特点以及诗歌学习内容的分类，我们从众多的诗歌学习APP软件中进行筛选。

《为你诵读》APP是辅助诗歌朗读的一款应用软件。平台中有著名央视主持人亲身示范朗读，也有社会各界爱好朗读的朋友的示范朗读，学生可以聆听、下载他们的作品。

《诗词大全》APP是辅助诗歌品析学习的一款应用软件。该软件搜集的诗歌范围广，除了小学阶段教材中包含的古诗词外，还有课外的儿童诗、现代诗，供学生赏析。

《为你写诗》APP是辅助诗歌创作的一款应用软件。学生可以学习别人创作的诗，也可以自己创作诗歌。创作诗歌可以是纯自由创作，也可以是根据给定的图片创作诗歌。

《爬梯朗读》APP是一款少儿朗读学习产品。通过朗读录音并打分的形式，为朗读注入快乐元素，帮小朋友们提高朗读兴趣。

《婷婷诗教》APP以唱古文、讲诗词、品智慧的方式，围绕诗教展开语文、音乐、绘画等融合教育内容，培养孩子的好奇心与好习惯。

《古诗词典》APP内含有数十万首古诗词，涵盖各类诗词场景，帮助孩子在学习诗词时可以全方位掌握诗词的注解和译文。

《畅言智慧课堂》APP是一款专门针对基础教育打造的在线学习系统，为教师提供了网络备课、在线授课、作业发送等功能，为学生提供了课堂互动、电子课本、优秀作文选等应用，为家校、师生、同学、教师之间创建了一个便捷沟通、互动的环境。

各类诗歌学习APP

以《畅言智慧课堂》APP为例，它具有集备课、上课于一体的功能，充分利用“人手一块平板电脑”的优势形成资源建设终端网，发挥集体备课的力量，发挥云端网络的优势，共同搜索、分享、整理、充实资源，丰富古诗词各类主题资源建设。

为方便资源管理和教学使用，教师在备课时可将自己所负责年级的资源先保存在本地，通过对本地文件夹的分类整理，形成与云端资源目录配套的古诗词教学资源库。在本地资源建设目录中将丰富多样的教学资源经过归类整理后上传至云端资源平台，按“年级→主题→古诗→资源”的路径可以轻松定位到相应的古诗词资源。

在学习资源建设过程中，“按图索骥”对照着表格进行相应资源的搜集或制作，确保资源的完整、丰富。内容源于教材但不拘泥于教材，打破局限，鼓励提供图、文、声、像等形式的古诗词教学资源，满足教学中不同学生的需求。

案例

《山行》学习资料建设路径

以《山行》为例，依照上述方式打开文件夹后可一目了然看到关于《山行》的各类教学资源，即资源建设单中的“五件套”。本地资源准备好后可将其一次性上传至云端平台，并分享为“校本资源”。各备课组分享汇总，即形成涵盖各年级的资源库。

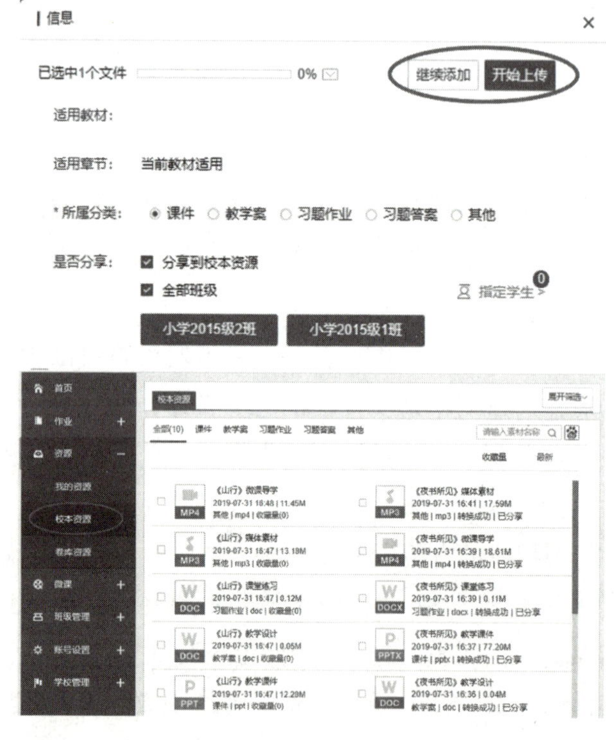

除了校本资源外，系统还提供了海量优质的教材配套网络资源，可便捷下载，即搜即用。教师可根据需要筛选资源类型，点击备课时设置的“五件套”即可快速检索。

第三节　诗歌数字化学习的教学策略

一、运用微课导学，激活“翻转课堂”

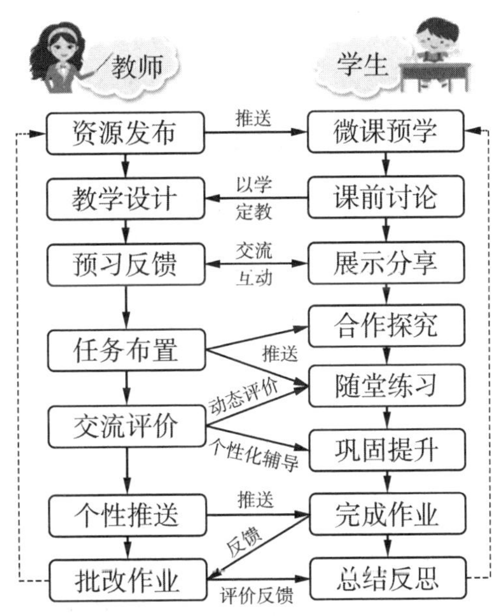

数字化思维驱动下古诗词智慧课堂教学结构

数字化思维驱动下的课堂教学模式打破了传统课堂教学模式在时间与空间上的诸多限制，真正体现了“学为中心”。从“先学后教”转变为“以学定教”，实现课堂翻转。由图“数字化思维驱动下古诗词智慧课堂教学结构”可知，“微课导学”是构建课堂“新常态”的关键。而翻转课堂常态化的重点在于微课制作常态化。《畅言智慧课堂》APP自带快速微课制作及应用系统，点击“创建微课”，根据需要调用素材库中的教学素材，按照相应功能按钮提示进行录制、配音，只需一些简单步骤就可以迅速完成微课制作。

案例

微课《饮湖上初晴后雨》

对于二年级的学生来说，古诗词教学侧重朗读、欣赏、感知。因此，在预习微课中主要设计四个环节：欣赏感知、识字写字、朗读指导、跟读练习，让学生通过微课导学，提前做好字词理解和背景了解的预习。同时，学生可跟着“微课小老师”学习范读、练习朗读、挑战朗读，争取在课前能基本把古诗读正确、流利。之后，启发学生思考：通过预习，我还有什么不明白的？有什么内容是特别感兴趣的？学生把思考和困惑直接反馈到平台中。

教师通过微课导学提前了解学生在认、写字过程中的易错点以及古诗学习的兴趣点，并将它们进行归类、整理、统计，做到心中有数。基于数字化思维开展微课导学，分析学情，以学定教，以便课中对学生集中出现的问题做深入研讨。教师将制作好的微课上传至资源平台，根据学习进度将相应微课一键分享推送至“授课班级”，学生端即可查阅学习；学生看完后点击“告知老师学完啦”功能键即可将预学情况反馈至教师端，便于教师管理跟进。此外，学生还可对优秀微课进行评论、收藏、点赞和转发等操作。

微课导学助推了古诗词课堂教学方式的创新，通过聚焦学生在学习中可能产生的难点、易错点、兴趣点，实现教学设计最优化、教学决策精准化、资源推送智能化，让古诗词课堂的“教”与“学”都变得更智慧、更高效。

二、运用工具调用方式，促进学习动态生成

《畅言智慧课堂》APP丰富的教学工具能实现师生对动态课堂的追求。根据教学需要将资源库中的资源拖动至教学内容页面，点击相应图标即可使用资源，这些资源图、文、声、像并茂，内容呈现可自由切换。系统还增设了“字源微课”“生字卡片”“互动小游戏”等栏目。

案例

统编版二年级下册《咏柳》

低年级古诗教学侧重朗读、欣赏、感知，且识字、写字仍是低段教学重点。在前置性学习中，学生已经跟着导学微课进行古诗朗读学习和练习，基本上能正确、流利地朗读古诗。在生字预习方面，经后台统计分析，班级学生普遍认为“丝”字较难读准，较易写错，容易画蛇添足多两点。基于对目标的把握和学情分析，教师在教学过程中通过“生字卡片”工具将“丝”字教学设为本课生字教学的重点，通过范读、范写、字源微课学习和识字小游戏等步骤开展教学，寓教于乐，寓学于趣。

《畅言智慧课堂》APP为古诗词教学“量身打造”的“点读”工具，可以让学生随机点读诗句进行朗读练习。“范读配音”和“情境朗读”模式可以有效激发学生朗读古诗的兴趣，提高学生的朗读水平。

三、运用人机交互功能，助力合作学习

《畅言智慧课堂》APP的“互动”模块可满足教学互动需求。“即点即读”“字词评测”“情景对话”“模仿朗读”“诗词对答”等互动功能可以即时评估学生的朗读水平，活跃课堂气氛，通过语音体验让教学更精彩。在古诗教学中，教师可为学生提供自主测评和与同桌合作对读等多样化的朗读形式，引导学生进行古诗朗读练习，鼓励学生在自主摸索中进步，在合作互助中提升。

案例

《登鹳雀楼》《望庐山瀑布》两首诗

在《登鹳雀楼》和《望庐山瀑布》两首诗的合作朗读中，语音系统会从声韵、声调、流畅度、完整度几方面对学生的朗读情况给出智能化的综合评分。学生可自主选择喜欢的朗读方式和配图、配乐，对不满意的朗读作品可进行反复重录，直至满意为止。学生的朗读作品可上传至资源平台，线上协作小组可以对他人作品进行“围观点赞”，欣赏学习优秀作品，也可以进行评论交流或转发分享，营造良好的合作学习氛围。

在智慧课堂交互式的教学模式中，合作学习可放眼“线上”，建立“在线学习小组”，开展“线上合作学习”。合理使用系统互动，改变教学方式，增强形象直观性教学，激发学生学习兴趣，让学生乐于参与、勤于探究，感受古诗词学习的乐趣，树立学习信心。

四、平台软件智慧推送，实现分层学习

智慧课堂的应用商店可下载辅助古诗词学习的各种软件，以满足学生开展个性化的诗词学习活动的需求。《为你诵读》《为你写诗》《婷婷诗教》《古诗词飞花令》等应用软件内容丰富、功能众多，在听说读写方面为学生语文素养和学习能力的发展提供助力。教师可择优将几款精品APP推送至学生端，使得分层教学更有针对性和实效性。

五、“赏、研、创、拓”四维一体的元认知学习策略

首先，创设情境“赏”诗词，培养“审美”情趣。古诗词教学要引导学生欣赏语言之美，体会文字之美。然而，古诗词虽意境深远、语言优美，但诗词中蕴含的情境对于学生来说，难以想象，也较难获得真切的美感体验。借助各种媒体技术创设诗词情境，突破传统教学诸多局限，丰富的图、文、声、像可满足学生用眼看、用耳听、用心想的欣赏需求，进而引导学生入情入境地品味诗词之美，强化学生的审美体验，培养学生的审美情趣。

案例

“垂钓组诗”《渔歌子》和《江雪》

在“垂钓组诗”《渔歌子》和《江雪》的对比教学中，教师先让学生读读这组诗，然后选择自己喜欢的一首诗并找找诗词中写了哪些景物。学生边朗读边想象画面。在《渔歌子》的交流中，学生通过诗词中描绘的意象来想象：远处黛青色的山，一群白鹭自由地飞翔，桃花盛开，水流湍急，片片花瓣落在水中，顺着水流荡漾着漂向远处，这时节鳜鱼长得正肥，在水里欢快地游着。一个渔翁披着蓑衣，戴着斗笠，在斜风细雨中垂钓，久久不

愿归去。随着学生的朗诵，教师通过智慧课堂在大屏幕上依次呈现相应的景物，一幅色彩明丽、春意盎然的优美画卷不仅在学生脑海中形成，还展现在学生眼前。而《江雪》则向我们展现了一幅银装素裹的冬日雪景图。天地间一片灰白，唯有一位渔翁在钓鱼。

《渔歌子》意境图　　《江雪》意境图

两首诗词，两幅画面。教师通过让学生体会不同的意境，引导学生身临其境地走进诗词之中，为后面深层次揣摩诗词中人物的内心世界做好铺垫。从“想象画面”到“视觉呈现”，图像资源不仅有助于学生对古诗词语言的审美解读，而且有利于学生对古诗词意境的审美认知，从而起到培养学生感受美、创造美的能力的作用。在古诗词教学中，除了借助画面帮助学生理解诗境，教师还可引导学生尝试配乐朗读，感悟诗情。声像并茂的影音资源能带给学生视听觉上美的体验，让学生伴着音乐感受古诗词语言的节奏美、韵律美，在吟诵中体会作品的意境美和作者的情感美，建立起古诗词学习的直观通道，从而达到言意兼得，实现古诗词教学审美积累的目的。

其次，交流探讨“研”诗词，发展“思维”能力。古诗词教学中的“问题”是学生思维的“引擎”。学生在课堂上的思维活动围绕问题展开。数字化思维驱动下的基于翻转课堂的以学定教，将更多有价值的问题留到课内，通过合作探究、交流汇报的形式培养学生思维能力。

案例

《早发白帝城》

在《早发白帝城》一诗的教学中，通过前置性微课导学，学生在自主预习生字和练习朗读的基础上提出了自己的思考和困惑。教师通过关键词分析对学生所提出的问题进行统计聚焦，将学生所关心的问题分为“诗意类”和“诗情类”两类。前者问题在学习推进过程中相继得到解决，而学生所关心的“李白为什么要写这首诗”和“在写这首诗的时候心情怎样”这类关乎诗情的问题则需要进一步研究。智慧课堂中的资源包为学生叩开“知人论世”了解写作背景的一扇门，教师引导学生开展合作探究和小组汇报。教学过程由“重结论”变为“重过程”，旨在促使学生自己在探索的过程中再现古诗创作的历程，这就是一次思维历练。

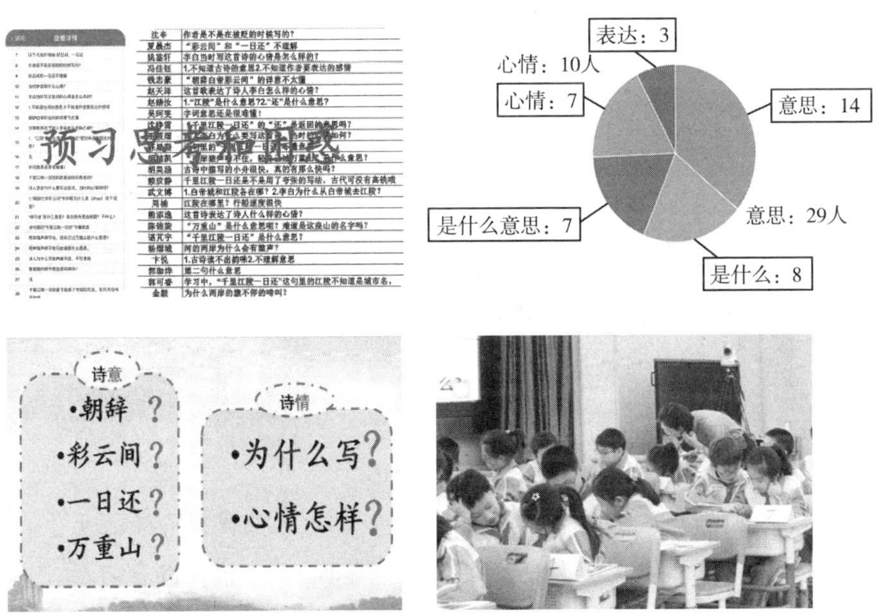

学生在课堂中亲历这个解惑探究的过程对思维发展是有价值的，不仅在情感上获得了熏陶，而且在思维和认知上得到了提升。基于数字化思维的学习方式变革，让古诗词课堂活跃了起来，让学生思维在课堂中碰出智慧火花，绽放别样精彩！

再则，植根生活“创”诗词，加强“语言”运用。孩子是天生的诗人。在古诗词教学中，可以适时让学生联系自己的生活体验进行主题诗词创作。当然，对小学生来说能达到“爱写、乐写，有诗的基本格式”即可，重在培养写诗兴趣，让学生在语言实践中把对客观世界的认知和感悟表达出来，发展语言运用能力。

案例

古诗《采莲曲》和《雪梅》

在教学古诗《采莲曲》和《雪梅》后，分别开展一次图配诗小练笔。在《为你写诗》应用软件中选取相关主题配图，让学生展开想象，运用自己所积累的语言，融合自己的情感尝试配诗。第二学段的学生已具备一定的语言积累和运用能力，在遣词造句上也开始讲究技艺。植根生活创作诗词在锻炼学生思维能力的同时提升了学生的语言表达水平。（以下诗词均为学生作品）

夏日荷塘

夏日荷塘好不精彩，
荷叶如盘挺拔争高，
荷花如初笋露尖角，
莲藕奋力追赶而来。

莲

碧莲翠骨浊池生，
清雅脱俗赛丽人。
夏来香味弥天际，
一池仙子下凡尘。

寻迹

纯洁冰清不染尘，
腊梅绽放傲冬春。
枝条苍劲迎风笑，
冷艳严寒玉骨身。

冬日绝句

梅雪赌佳哪瓤好，
慌慌冬雪向来瞧。
雪赢梅花三分白，
雪却输梅一段香。

当学生的心中萌发出创作的幼芽时，要让它茁壮成长，使其成为提高学生古诗学习兴趣、激发学生训练语言文字、发现古诗词之美的重要途径。同时，古诗词创作实践还能让学生体验创作的甘与苦，从而更加重视对语言文字的锤炼和运用，更加珍视他人的文化创作成果。

最后，挖掘内涵“拓”诗词，促进对“文化”的理解。数字化思维驱动下的古诗词教学可充分借助资源平台和应用软件挖掘诗词背后的历史典故和文化内涵，加深学生对诗词的理解；根据教学需要进行相同作者或主题的古诗词拓展，引导学生积累课外诗词，传承优秀传统文化。

案例

统编版语文三年级下册第九课《古诗三首》

以统编版语文三年级下册第九课《古诗三首》的教学为例。这三首古诗分别描写了春节、清明节、重阳节这三个传统节日。以“节日”主题古诗教学为契机，教师借助资源平台的相关课程资源丰富学生对这些传统节日文化的认知。此外，根据学生的接受能力拓展其他与传统节日有关的课外诗词，如欧阳修的《元夕》、文天祥的《端午即事》、韩翃的《寒食》等。学生根据推荐的古诗词资源在学生端进行学习欣赏，了解节日的起源，对传统文化的渊源形成初步的认识，领略中华文化的魅力，理解不同风俗所蕴含的各种美好意义，从而增强对民族文化的理解力和认同感，树立文化自信。

第四节　优化诗歌学习的评价

数字化思维驱动下的古诗词学习评价要善于借力技术，用好“评价利器”。例如，课堂中的“诗词朗读擂台赛”环节，每名学生可用学生端进行投票，后台经自动分析后统计产生“朗读之星”。多元化的评价主体可以充分调动学生的学习积极性，让学生真正参与到课堂中。同时，运用APP进行评价，能够让评价更及时、更有效。

一、评价更及时

教师通过《爬梯朗读》软件创建班级，邀请学生加入并一键发布朗读任务。学生通过点击任务自由练习朗读，无论是逐句“跟读”，还是连贯“朗读”，APP都可以对学生的声韵、声调、流畅度、完整度进行及时、全方位的细致评分，并给出综合得分，让评价更及时。

班级学生朗读得分

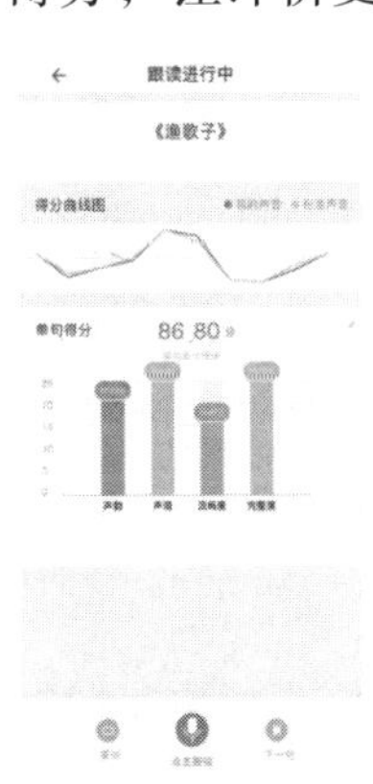

逐句跟读评分

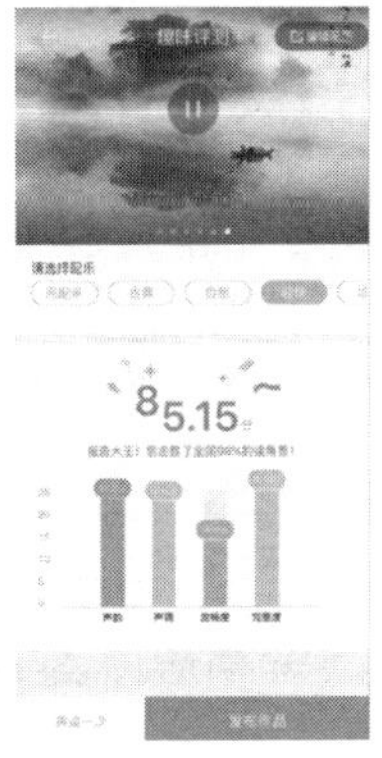

全诗朗读评分

二、评价更互动

为了更好地实现以读促学，激发学生的朗读兴趣，课堂中的“朗读擂台赛”环节增强了交流互动和学习趣味性，通过《番茄表单》APP投票产生“朗读之星”。这既能有效激发学生的朗读兴趣，树立学生的评价主体意识，又能使每个孩子真正参与到课堂中。

课堂朗读擂台赛

* 朗读PK赛
选一选你心目中的“朗读之星”吧！
1号
2号
3号
4号
提交

《番茄表单》中投票

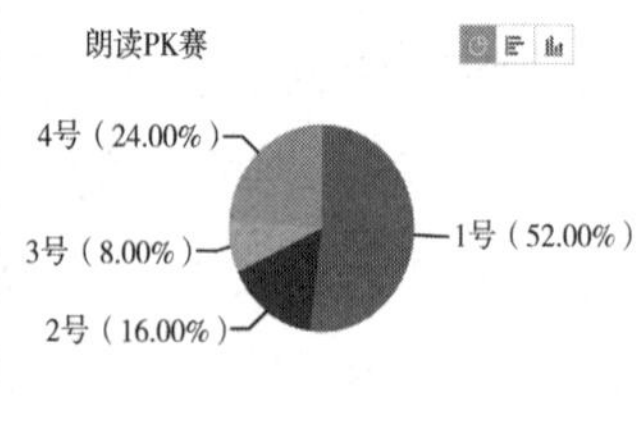

“朗读之星”统计结果

此外，教师还可以通过智慧课堂“布置作业”的形式让学生在线进行自主展示。在学生上传自己的作品后，教师和同学便能在平台欣赏上传的作品，通过“点赞”或“留言”的形式及时给予评价。在这样的趣味互动评价中，学生既是学习主体也是评价主体，他们的学习意识、评价意识和竞争意识都能得到有效激发。

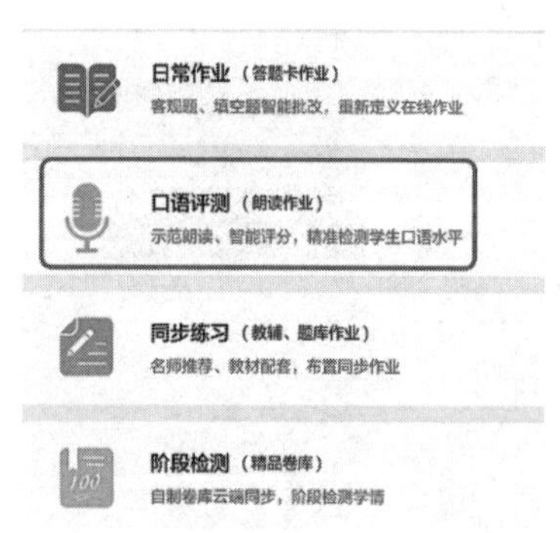

智慧课堂教师端作业布置

学生端学生评价和教师端教师评价功能界面

在古诗词同步练习中，教师可通过作业平台将练习推送至学生端。

“品读古诗，比较异同”“吟诵古诗，活学活用”“拓展古诗，完成练习”三个板块的练习涉及选择、填空、问答等题型，内容形式丰富，难度螺旋上升，让学生在巩固古诗词知识的同时锻炼思维能力和发展语用能力，加强对古诗词的文化理解，不断提升语文素养。

教师可根据动态学习测评和大数据分析结果进行精准化教学，结合学情对学生进行有针对性的、个性化的辅导。借助数据处理和可视化分析结果，教师可一目了然地掌握班级整体和学生个体情况，真正实现评价反馈高效即时。

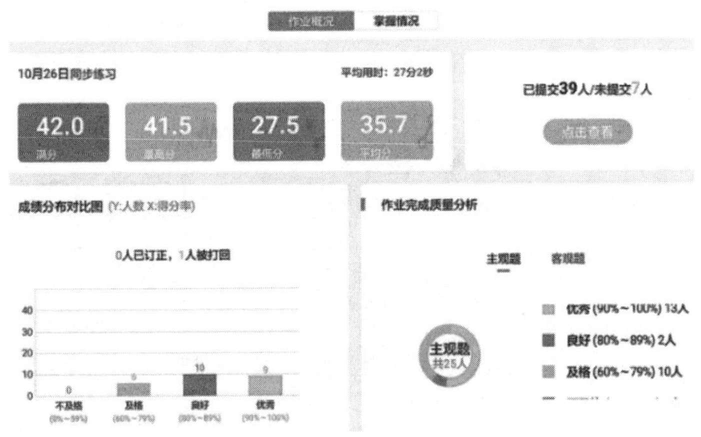

班级整体评价统计分析

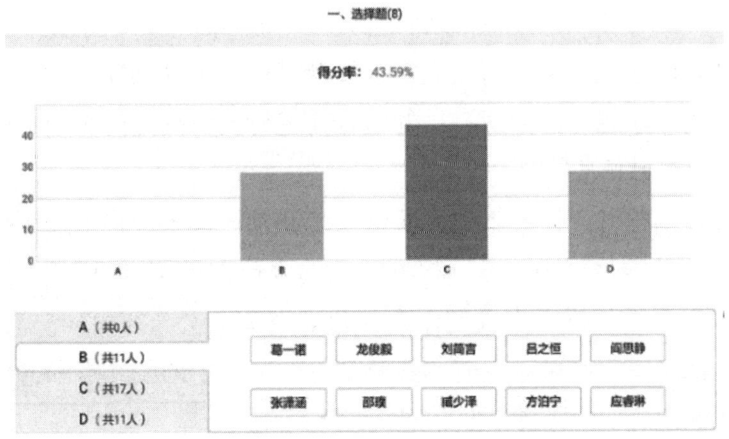

具体分析详情（以第8题为例）

系统对每个学生每道题的练习情况也进行了大数据分析。从统计表中可以看出第8题得分率较低，教师通过“分析详情”可以了解问题的具体情况，同时依据大数据精准分析学情，有针对性地进行讲评，实现个性化练习和分层教学。

基于“教、学、评一致”原则，古诗词教学评价要紧扣语文核心素养，从“语言发展与提升素养”“思维建构与运用素养”“审美鉴赏与创造素养”“文化传承与理解素养”四个维度进行综合考量、全面评价。根据最新版高中语文课程标准附录中关于语文核心素养水平的描述，笔者参考整理了小学阶段在古诗词学习中四个维度的素养内涵及评价内容，概括为下图中的八个子项。

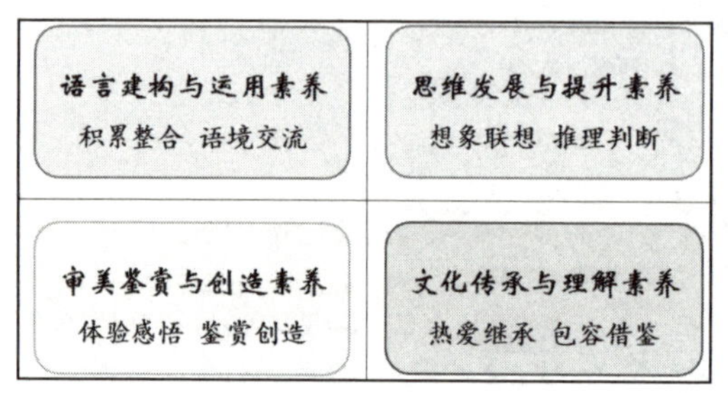

语文核心素养评价维度和项目

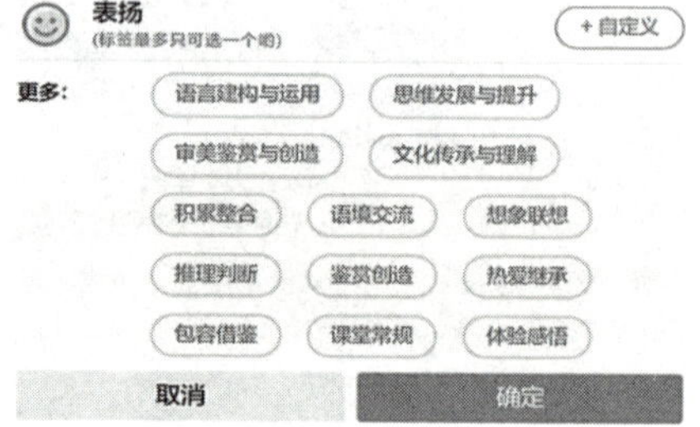

智慧课堂评价标签设置

以“思维发展与提升素养”为例，该维度主要评价学生上课过程中的思维状态：是否能围绕重点问题积极思考，敢于质疑，敢于提出独创性的问题；回答问题是否条理清晰流畅，按逻辑进行推理判断，阐述自己的观点；能否通过联想和想象用自己的语言描述诗词所描写的画面，感知诗词意境，领会作品情感。

评价内容相对具体可感知，通过智慧课堂评价系统将上述评价项目编辑为标签。教学过程中，教师根据学生的表现进行相应内容的评价反馈。基于大数据统计分析，班级整体素养和学生个人素养的积分都清晰呈现。根据评价信息，教师可以及时调整教学并发现学生的闪光点和薄弱点，鼓励学生在课堂活动中张扬个性、创新实践。

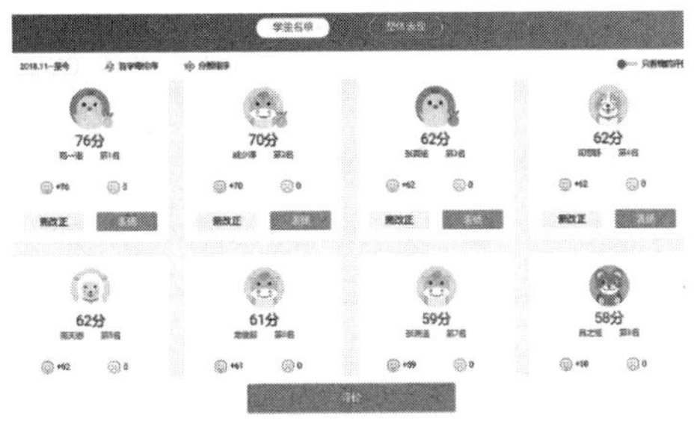
学生个人素养积分情况

班级整体素养积分情况

数字化思维驱动下的古诗词教学评价，以学生发展为本，以思维训练为核心，以丰富的资源为基础，在丰富学生认知经验的同时提高学生的语文核心素养和信息素养。这样的评价形式不仅提高了教学反馈效率，充分地展示了学生的共性和个性化问题，而且给予了学生更多的展示空间，有利于学生更好地体验学习古诗词的快乐。

第四章

数学的个性化学习

第一节　数学个性化学习的材料设计

在秉承新课标的教育理念下，根据数字化思维和学生现有的学习能力，笔者将数学学习内容从“数与代数”“空间与图形”“统计与概率”和“综合与实践”四大领域分别整理出适宜学生开展数学个性化学习的材料，促使学生在数感的形成、数据能力的强化、空间观念的内化、数据分析能力的达成和应用意识的发展等方面得到培养。

一、数感能力的培养

在数与代数领域中，为了更好地培养学生的数感能力，课程教学中教师可以借助有效的数学软件，帮助学生理解和掌握数的概念。学生在认识数的过程中，经历不同的具体形式的实例，将更具体、更深刻地把握数的概念，建立数感。

培养数感能力的学习材料

年级	内容	教学软件	操作
一年级上	20以内数的认识	Zoom	教师示范，学生尝试
二年级上	100以内数的认识	Zoom	教师示范，学生尝试
二年级下	万以内数的认识	Numberlines	学生练习
三年级上	分数的初步认识	小学数学动画	教师示范，学生尝试

续表

年级	内容	教学软件	操作
三年级下	小数的初步认识	Zoom	教师示范，学生尝试
四年级上	大数的认识	Numberlines	学生练习
四年级下	小数的意义	Numberlines	教师示范，学生尝试
六年级上	负数的意义	Zoom	学生练习

二、运算能力的培养

在数与代数领域中，为了更好地强化学生的运算能力，教师在课程教学过程中应重视口算、加强估算以及提倡算法的多样化；同时，应尽可能避免单纯的技能性训练，避免繁杂计算和程式化的叙述算理，也避免将运算和应用割裂开来。引入以下学习材料中的一些实效型的软件，不但可以解决这些潜在的教学问题，而且可以增强学生学习的趣味性、思维性和发展性。

培养运算能力的学习材料

年级	内容	教学软件	操作
一年级上	20以内数的加减法	Math City	教师示范，学生尝试
一年级下	100以内数的加减法	Math City	教师示范，学生尝试
二年级上	表内乘法	小学数学动画	学生练习
二年级下	表内除法	小学数学动画	教师示范，学生尝试
三年级上	万以内加减法	小学数学动画	教师示范，学生尝试
三年级下	速算养成记	Ipad	学生练习
四年级上	三位数乘两位数	Math Board	教师示范，学生尝试

续表

年级	内容	教学软件	操作
四年级下	小数的加减法	Math Board	学生练习
五年级上	小数的乘除法	Math Board	学生练习
五年级下	分数的加减法	Math Board	教师示范，学生尝试
六年级上	分数的乘除法	Math Board	学生练习

三、空间观念的培养

在空间与图形领域中，为了更好地培养学生的空间观念能力，教学过程中教师应尽可能将学生的视野拓宽到生活空间，重视现实世界中有关空间和图形的问题。通过自主探索，学生在活动过程中逐步建立起空间观念。所以，为了方便学生操作，教师可借助信息技术让学生经历实物观察、动手操作、描述和表示、联想、模拟、分析和推理等过程，感知和体验空间与图形的现实意义，理解空间、把握空间，直观和抽象进一步相互融合，并逐步产生演绎和论证的需要，在发展中形成空间观念。

培养空间观念的学习材料

年级	内容	教学软件	操作
一年级上	认识图形	小学数学动画	教师示范，学生尝试
一年级下	图形拼组	魔术精灵可可	教师示范，学生尝试
二年级上	观察物体（一）	Tangram	学生练习
二年级下	图形运动（一）	Tangram	教师示范，学生尝试
三年级上	长方形和正方形	小学数学动画	教师示范，学生尝试
三年级下	面积	Geoboard	学生练习
四年级上	平行四边形、梯形	Geoboard	教师示范，学生尝试

续表

年级	内容	教学软件	操作
四年级下	三角形	Geoboard	学生练习
五年级上	多边形面积	Geoboard	学生练习
五年级下	观察物体	Geoboard	教师示范，学生尝试
六年级上	圆	Geoboard	学生练习
六年级下	圆柱和圆锥	Geoboard	学生练习

四、数据分析能力的培养

在统计与概率领域，为了更好地培养学生的数据分析能力，教师在教学过程中应以问题为导向，结合学情，帮助学生进一步理解每一个数据的意义和性质。同时，借助信息技术，在数据描述、整体水平对比的过程中促使学生深入理解统计数据的含义，并通过解释现实问题来拓展理解。

培养数据分析能力的学习材料

年级	内容	教学软件	操作
二年级上	认识统计表	科大讯飞	学生练习
三年级下	复式统计表	科大讯飞	教师示范，学生尝试
四年级上	条形统计图	科大讯飞	教师示范，学生尝试
四年级下	平均数	科大讯飞	学生练习
五年级上	统计与可能性	科大讯飞	学生练习
五年级下	折现统计图	科大讯飞	教师示范，学生尝试
六年级下	扇形统计图	科大讯飞	学生练习

五、应用意识的培养

在实践与综合领域中，为了更好地增强儿童的应用意识，在学习中以具体事例为主要的学习媒介，注重数学知识的来龙去脉，教师应注意提供的范例能促使学生主动从数学的角度去分析、解决现实问题，鼓励学生从数学的角度描述客观事物与现象，寻找其中与数学有关的因素，加深对数学应用的理解与体会。所以，在数字化思维驱动下构建的一些模拟现实，正是学生个性化学习的好素材。

培养应用意识的学习材料

年级	内容	教学软件	操作
一年级上	认识钟表	Feel Clock	教师示范，学生尝试
一年级下	摆一摆，想一想	Ipad	教师示范，学生尝试
二年级上	认识钟表	Feel Clock	学生练习
二年级下	推理	Ipad	学生练习
三年级上	集合	Ipad	教师示范，学生尝试
三年级下	年月日	Ipad	学生练习
四年级上	烙饼问题	Ipad	教师示范，学生尝试
四年级下	鸡兔问题	Ipad	学生练习
五年级上	植树问题	Ipad	学生练习
五年级下	找次品	Ipad	教师示范，学生尝试
六年级上	确定起跑线	Ipad	学生探究
六年级下	鸽巢问题	Ipad	学生练习

第二节　个性化翻转学习

个性化翻转学习又称为前置性学习，是郭思乐教授主张的生本教育理念的重要学习形式。它指的是教师在给学生讲授新课内容之前，让学生提前依据自己的知识水平、生活经验所进行的尝试性学习。

个性化翻转学习在数字化思维的驱动下，将智慧平台应用于统计学习，改变学生的学习思维模式，优化学生的思考方式，加深学生对统计的理解。个性化翻转学习前测可以帮助教师准确了解学生的个体差异、认知起点、学习需求与思维方式，从而有利于教师后续教学的调整与开展。通过数据了解学生的学习情况，教师做到即时调整，查漏补缺。课上让学生自主选择感兴趣的知识点进行小组讨论，运用平板进行抢答，这样既提高了学生的学习兴趣，又加深了学生对知识点的理解。

个性化翻转学习策略是根据数学学科特点和实践经验，以微课为核心课程形态组织儿童翻转学习的活动策略。各个小学数学课程教学理论研究流派的主张各有不同，但在强调“自主·合作·探究”层面，却有相同的共识：“自主·合作·探究”应该作为学生包括数学学习在内的所有学习活动的主要方式。但受各种因素的影响，这是较难达成的目标。究其原因是传统的课程设计、教学实施和评价，特别是在教学实践中，活动探究与双基巩固容易形成一对矛盾，“自主·合作·探究”的学习方式需要大量的课堂教学时间，往往容易造成学生基础知识和基本技能的缺陷。在教育信息化飞速发展的今天，教与学可以借助数字化思维让线上活动成为线下活动的补充和拓展。这对课程的开发和实施提出了新的要求。数学这门学科具有高度的抽象性，要求数学教学应关注如何使学生内化、理解数学知识，形成核心素养。将数字化思维运用到数学学习中，多形式、动态地呈现数学知识，利用动画、视频等媒介和交互式教学软件把抽象的数学知识形象化、生动化，使书本上的图形“动起来”，这样更有利于帮助学生理解数学知识。这样就要求教师应更多地关注互动式课堂教学方式，以学生为主体，培养学生主动学习、智慧学习，发展数学思维。

一、录制个性化翻转学习微视频

录制微课前，教师需要选择微课形式和内容，最好是一两个相对重要的知识点，范围可以是重点或难点、促进理解或扩展知识的内容等。需要对学生的初始学情或起点（知识、态度、行为和经验）进行详细了解。微课的内容要适当精炼、准确无误、逻辑清晰，从而更好地达到促进教学目标实现的目的。同时要注意，微课是为学生自主学习准备的，因此要适应学习者的认知特点和水平。教学目标应该做到明确、具体，在呈现重难点时要能够引起学生的注意。可以采用字幕或者口头的方式，使学生注意力集中。

个性化翻转学习微课类型

分类依据	常用教学方法	微课类型	适用范围
以语言传递信息为主的方法	讲授法	讲授类	教师运用口头语言向学生传授知识（如描绘情境、叙述事实、解释概念、论证原理和阐明规律） 例如：《大数的认识》讲解十进制计数法的知识体系
	讨论法	讨论类	在教师指导下，全班学生或小组围绕某一种中心问题发表各自意见和看法，共同研讨，相互启发，集思广益地进行学习 例如：《节约用水》测算一个拧不紧的水龙头一年浪费多少水的前置学习视频可以让几位同学参与讨论，展示各自典型方案

续表

分类依据	常用教学方法	微课类型	适用范围
以直接感知为主的方法	演示法	演示类	把实物或直观教具展示给学生看，或者做示范性的实验，或者利用现代教学手段，通过实际观察获得感性知识以说明和印证所传授知识 例如：《大数认识》录制100万颗豆子（科技馆实物），感受100万有多大；《圆锥的体积》展示各种圆锥体积转换实验
以实际训练为主的方法	实验法	实验类	学生在教师的指导下，使用一定的设备和材料，通过控制条件的操作过程引起实验对象的某些变化，从观察这些现象的变化中获取新知识或验证知识 例如：《圆的周长》探索圆周长与直径的关系。探索一枚硬币绕另一枚硬币旋转一周需要旋转的圈数
以欣赏活动为主的方法	表演法	表演类	在教师的引导下，组织学生对教学内容进行模仿和再现，以达到理解抽象情境和抽象概念的目的 例如：《植树问题》表演树、间隔、方阵、人数等数量之间的关系
以引导探究为主的方法	合作学习法	合作学习类	合作学习是通过小组或团队的形式组织学生进行学习的一种策略 例如：《制作活动日历》一课，录制一个小组探索制作活动日历的设计方案。指导观看视频的同学继续探究
	探究学习法	探究学习类	是学生在主动参与的前提下，根据自己的猜想或假设，运用科学的方法对问题进行研究，在研究过程中获得创新实践能力和思维发展，自主构建知识体系的一种学习方式 例如：《用A4纸折长方体》在A4纸四个角上剪掉4个正方形，折成一个无盖的纸盒，如何才能使容积最大？录制一个学生的探究过程计划。指导观看视频的同学继续探究

二、开发个性化翻转学习单

翻转学习单的主要功能是指导学生看微课，掌握微课所传授的知识。因此，翻转学习单的内容设计要和微课有机结合。除了要具备一般前置学习单应该具备的特点外，小学数学个性化翻转学习单可以有特殊的要求。

案例

《圆的认识》翻转学习单

请你先认真学习微课（可以重复多次观看），然后根据微课完成以下的练习。你会发现自己已经掌握了很多关于圆的知识了！

1. 篮球是圆吗？为什么？

2. 一个圆里，半径有（　　）条，直径有（　　）条，直径的长度是半径的（　　）。

3. 在用圆规画圆的时候，（　　）决定了圆的位置，（　　）决定了圆的大小。

4. 观察右图，圆上的点有（　　），圆内的点有（　　），圆外的点有（　　）；线段（　　）是半径，线段（　　）是直径。线段（　　）既不是半径也不是直径。

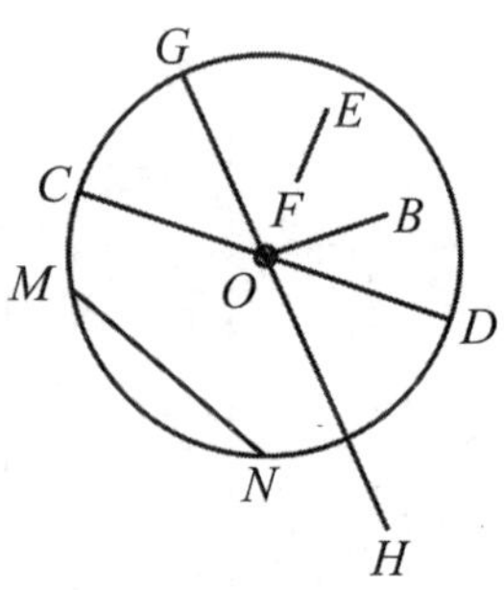

5. 用圆规画一个直径4cm的圆，圆规两脚间的距离应取（　　）cm，请你画出这个圆，并分别用字母O、r、d标出圆心、半径和直径。

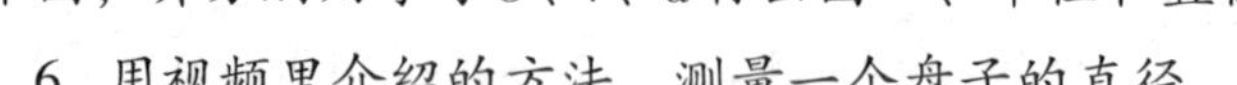

6. 用视频里介绍的方法，测量一个盘子的直径。

7. 为什么长方体的砖块能做成圆形的花坛？

8. 车轮为什么要做成圆的？

（一）个性化翻转学习单起点要低

要以最低水平学生的认知水平为起点，让低水平学生能完成学习单上的主要内容，并且在完成学习单后，能掌握新课学习时必要的知识基础，从而使得这些学生能有效参与课堂讨论、探究新知。例如，《圆的认识》翻转学习单中的第1～5题将圆的基本概念作为学习对象，《平行四边形面积》翻转学习单将学习平行四边形面积必须提前掌握的但低水平学生通常没有掌握的面积概念和长方形面积计算的问题作为学习对象，以照顾最低水平和生活经验欠缺的学生。

（二）个性化翻转学习单顺序要与视频顺序一致

事实上，录制视频和开发学习单应该是同时进行的。在实践中，教师一般先设计学习单，然后针对学习单录制指导视频。比如，《圆的认识》的视频就是先讲解什么是圆，再介绍圆的基本概念、要素和画圆的方法，最后解答生活中的圆形花坛和车轮为什么做成圆的。

（三）个性化翻转学习单应该有强制学生学习微课的题目

例如，《圆的认识》翻转学习单中的第6～8题，特别是第6题，学生不看视频是根本无法完成的。《平行四边形的面积》翻转学习单中第4题的解决方法是用平移的方法将平行四边形面积转化成长方形的面积，应用了面积守恒原理，学习单中的问题在视频中解决，所以学生不看视频是无法作答的；第5题求平行四边形面积，学习单上缺少条件，而在视频中给出条件。这样设计，一是为了让学生认真完成学习任务，保证学习效果，另一方面也是因为这些视频内容很重要，需要学生仔细观看并提前认真思考。

案例

个性化翻转学习微课的题目

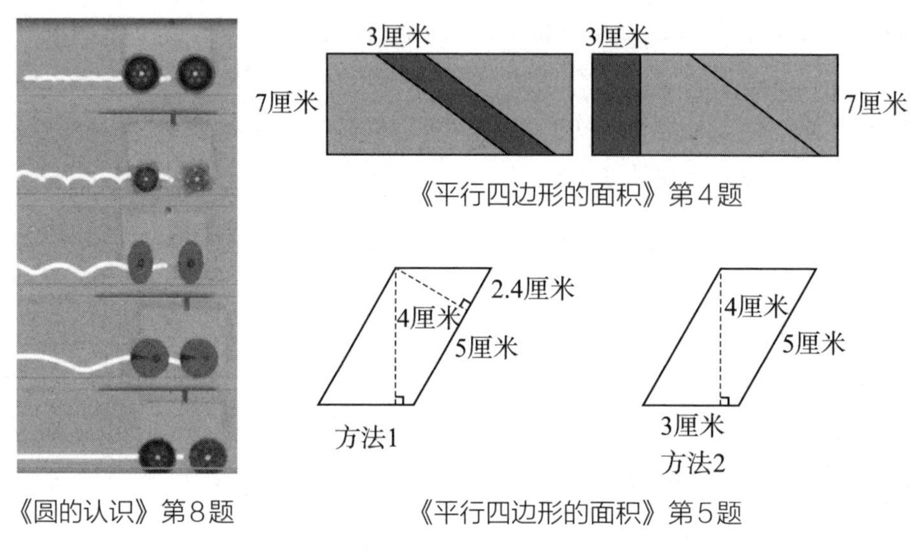

《圆的认识》第8题

《平行四边形的面积》第4题

《平行四边形的面积》第5题

三、注重个性化翻转学习反馈质量

小学数学学习内容多，学习节奏快，容易导致学习态度不积极的学生出现学习滞后现象。因此，前置性学习反馈评价非常重要。教师布置了“微课+前置性学习任务”后，要督促学生认真完成，还要从机制上保证学生认真完成。可以将学习单中的全部学习内容或部分内容做成在线形式的客观题目，实现学习结果立即反馈，这样效果最好；也可以让学生组成学习小组，在课前3分钟的小组合作中通过讨论反馈前置性学习结果。需要注意的是，反馈前置学习内容的时候，视频中讲过的内容不要在课堂上重复。不然，认真看了视频的学生会觉得浪费了时间；没有看视频的学生会认为不看不要紧，反正上课要讲的。

四、重视个性化翻转学习的课堂讨论

翻转学习的目的是为了落实课堂探究，为课堂探究或课堂讨论等活动留下时间。前置性学习微课、前置性学习单、课堂讨论材料是一个有机整体。将针对记忆和理解层次的低水平学习放在个性化翻转学习中，可以为课堂上的高水平探究活动留下更多时间。如下图所示。

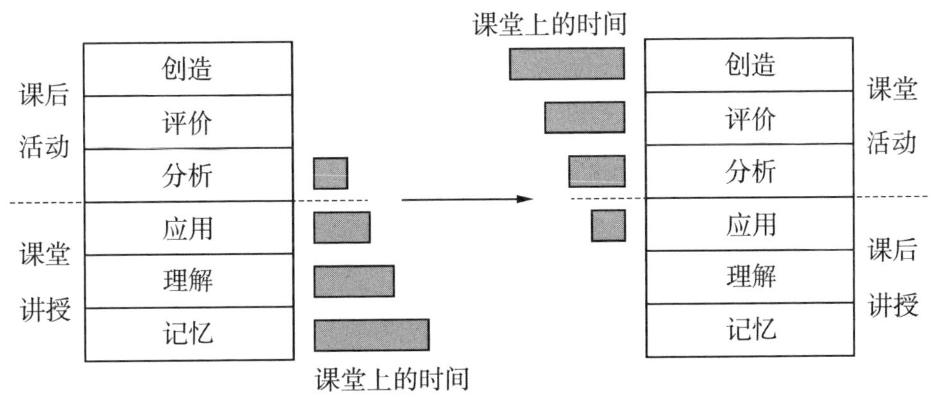

个性化翻转学习的课堂活动

教学设计时，在设计微课和翻转学习单的同时就应该设计翻转学习（反馈）评价和课堂讨论材料。这些过程往往是一个有机整体，不能分割，而且大多数实践者在研制三者时，往往先完成后两者再进行视频设计和录制。因为为了实现课堂活动中的分析、评价和创造学习活动，需要保证学生的学习水平能达到参与讨论和创造活动的层次，而为了保证学生达到参与讨论和创造活动的学习水平，就需要学生在个性化翻转学习中习得相应知识，掌握相应技能，再设计好学习单，最后根据学习单录制辅导视频。因此，开发课堂学习单是引导学生参与课堂高水平学习（分析、评价、创造）的前提。

案例

《圆的认识》课堂学习单

《圆的认识》课堂学习单中的第4～6题为高水平题目，要实现学生顺利解决诸问题的目标，需要提前在微课中让学生掌握圆的基本概念，能正确使用圆规。第4题找圆心的方法，在微课中没有直接教学，但视频中关于生活中的圆与圆心的教学、圆的轴对称性质等内容，是学生创造性地运用此性质解决该问题的基础，这些内容在准备前置学习单和录微视频之前就已经确定。

圆的认识

1. 看图填空。

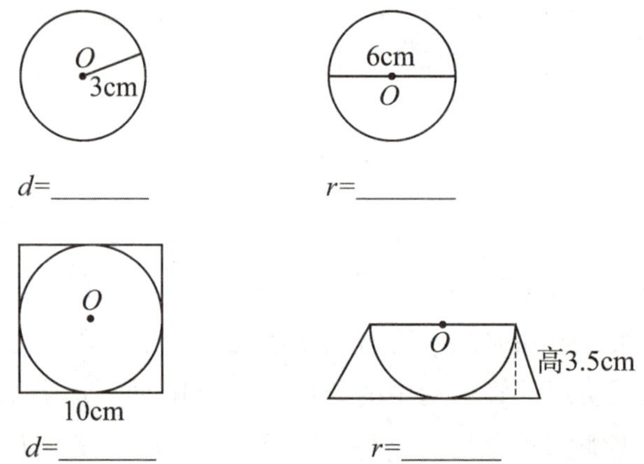

2. 以点O为圆心分别画出半径2 cm和直径6 cm的圆，并画出它的对称轴。

O

3. 根据对称轴画出轴对称图形的另外一半。

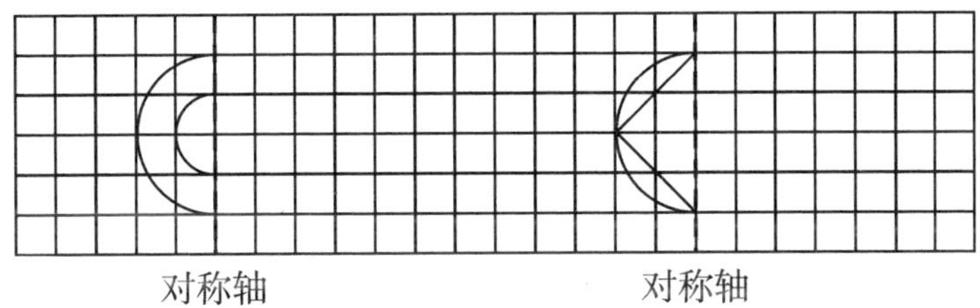

4. 画出下面正方形内最大的圆、正六边形外最小的圆，并画出这两个圆的直径。

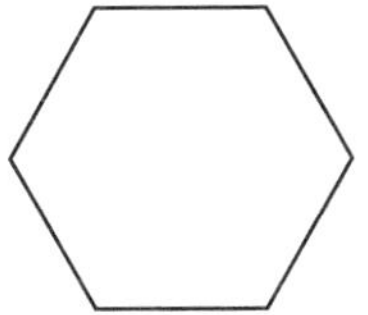

5. 以下各图中，正方形表示草地，羊拴在木桩O上。请你根据各图中不同的绳子长度，画出羊吃草的范围，并用阴影表示。

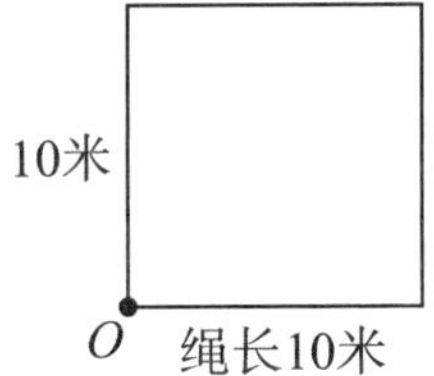

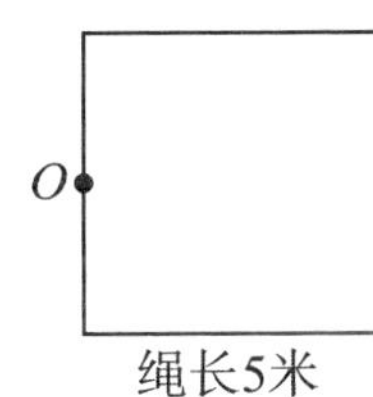

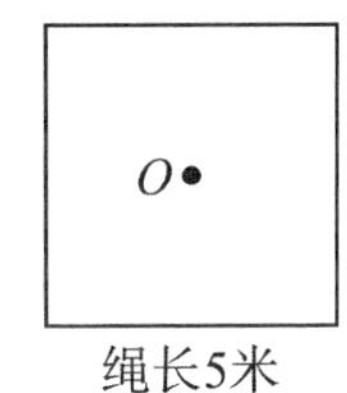

6. 利用圆规和三角板等工具，你能画出这个八卦图吗？试试看。

个性化翻转学习能帮助教师准确了解学生对所学知识的实际掌握情况和答题正确率。通过平板翻牌，教师能即时知晓全班学生的答题情况，在发现问题后可以进一步追问学生相关问题，从而帮助学生加深理解。

第三节　个性化精准学习

“会者不难，难者不会”，这正是小学阶段统计教学的基本情况。在数字化思维的驱动下，我们将智慧平台应用于统计学习，改变学生的学习思维模式，优化学生的思考方式，加深对统计的理解，促进学生有效学习。个性化精准学习呈现出反馈精准化、思维可视化和互动多元化的特点，形成随机互动、人人参与，即时生成、深度加工，合作交流、深度整合，变更作答、思维可视四种策略。

一、随机互动、人人参与

随机互动、人人参与的个性化精准学习策略让学生在无形活动中获得深度体验。教师提出具有讨论性的问题，学生独立解决，系统在统计学生的回答后随机挑选学生阐述观点。教师在进一步追问后，组织学生以小组讨论的形式展开探讨，并挑选小组代表进行团队分享，最后进行归纳总结与提升。

案例

随机挑人，扩大关注

在《掷一掷》案例中，为了发现两个骰子点数之和与次数的关系，先让学生独立思考，再用平板选择猜想的结果并进行答题统计。这时，随机挑选学生来表达想法并通过实验验证该想法是否正确。随后，将每个小组的实验结果输入统计表，生成班级的投掷结果统计表，让学生根据表格讨论规律。小组讨论后，教师随机挑人再次回答，最终获得结论：掷出的点数和在靠近中间位置的次数较多，而靠近两端位置的次数较少。

随机挑人策略可以增加课堂回答问题的随机性，不再固定于某位或者某几位学生来作答，使得教师关注的学生范围扩大，从而打破思维定势。每一位学生都有被叫到的可能性，因此学生在课堂上的注意力会得到进一步的提高。通过团队讨论，将问题答案进一步优化，再次抽签分享，从而使得问题得到深入解答。

随机翻牌情况展示

二、即时生成、深度加工

即时生成、深度加工的个性化精准学习策略，让学生在有形学习中进行数据分析。在问题提出后，先给予学生独立思考的时间并用手中的移动终端独立作答；在系统对结果进行统计后，小组合作探讨结果，教师随机挑选小组代表进行分享，全体学生根据分享内容给予评分。

案例

课堂探究，高效激趣

在《条形统计图》案例中，为调动课堂气氛，让学生经历统计的过程，教师在课前设计了一个调查主题：你最喜欢哪类电视节目？课堂上，学生利用平板进行投票，系统收集数据后自动生成统计表，大大减少了传统统计活动所需花费的时间，为后续画条形统计图做好铺垫。以前学过的画“正”字是我们常用的整理数据的方法，分析数据除了可以用统计表还可以用统计图，从而引出本节课的学习内容。

学生个体所有数据的呈现，也是全域数据的体现。教师在做好个体的精准反馈时，也可以清晰地知道全体学生的掌握情况，在课堂教学中及时对预设环节作出调整，在绝大部分学生都掌握的情况下展示加星题，在部分内容存在困难的情况下展示思考支架。

案例

基于前测，调整学习

在教学《平均数》这一内容时，课前利用智慧平台对学生进行前测。区别以往发放纸质学习单的形式，让学生先独立思考，再运用手中的平板独立操作，系统会记录下每个学生的选择情况；当教师设置好标准答案后，系统会立即反馈学生答题的准确率。根据系统自动生成饼状图或柱状图，教师可以了解全班的答题结果并掌握每个学生的认知情况，若发现学生对平均数的计算没有大问题，但是在理解层面还不够，便可制订更有针对性的学习内容。

通过这样直观的图表对比，让学生体验到成功的喜悦，这要比枯燥的对答案效果更加明显。在学完新知识后又对同样的题目进行检测，通过数据了解全班学习情况，即时进行调整，查漏补缺，课堂更加高效。

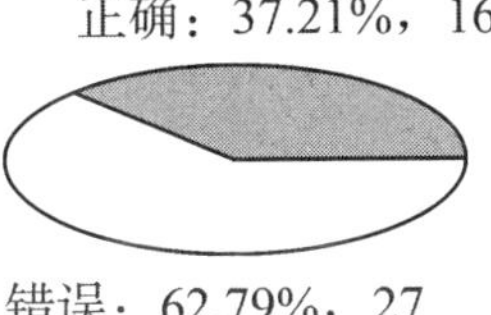

《平均数》课前与课后数据对比

基于前测信息，在教学《平均数》一课时，教师通过交互软件提供的演示情境和操作平台，厘清了平均数的计算方法，帮助学生不仅掌握了基础知识，更理解了平均数产生的本质。

三、合作交流、深度整合

合作交流、深度整合的个性化精准学习策略，让学生在有声学习中扩大团队力量。教师讲解核心知识，要求团队依据合作要求在平板上共同解决。教师在白板上汇整题目并分别推送给学生；学生合作完成题目，共同评述，讨论其他团队负责的命题，并给予评分。

分析典型例题，加深学生对易错题的理解。教师在巡视过程中，可以利用手机中的拍照功能将学生合作的结果拍照上传。相比较传统的展台，没有了空间的限制，教师可以拿着手机在整个教室寻找具有代表性的小组作品，同时还可以一次上传多幅作品，便于后续的比较与分析。另外，教师可以直接在上面进行评价，留下痕迹，便于学生理解。

拍照上传演示

借助移动终端，大幅减少上课中收发纸本的时间，学生讨论过程也能随时记录在平板上，学习变得更加方便。学生有任何问题也可直接在平板上提问，突破教师在教学巡视中的局限性。

每组在问题讨论好后，将讨论成果写在平板上或拍摄照片，回传至教师指定的工作区，实现组组都能看见、组组都能分享的效果。随后，学生还可进行投票，在小组学习的基础上展现个人意识。用科技辅助小组合作学习，发挥出组组互通的最大效益，真正体现了小组合作学习的价值，将课堂主体真正还给学生。

四、变更作答、思维可视

变更作答、思维可视的个性化精准学习策略打破教师以往过于依赖经验的习惯，并促使教师借助信息技术对学生的学习数据进行实时收集和分析，掌握每个学生的学习情况，清楚地看到答错题的学生，或者两次答题前后有变化的学生。教师可精准定位特殊群体，适时推送合适的学习材料，达到因材施教的目的，丰富课堂形式。

案例

圆环的面积

在教师布置问题后，学生先独立思考：求圆环的面积除了常规的大圆面积减去小圆面积，还有其他求解方法吗？结合图形进行合作探究。运用转化思想，化曲为直，这对学生来说很难一下想到；在多次合作探究后，学生的思路逐渐清晰，再次作答，教师挑选变更作答的学生介绍方法。

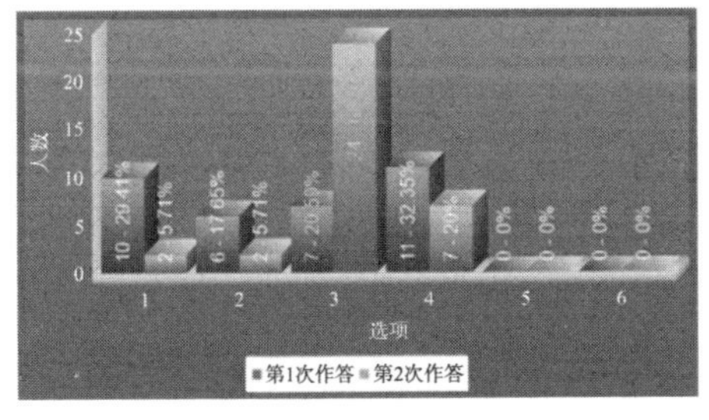

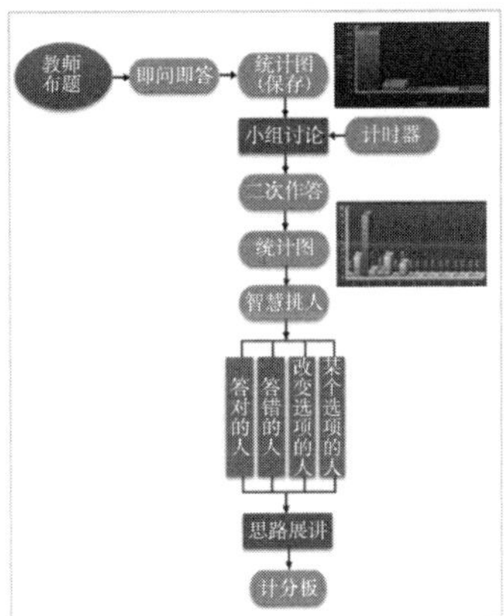

两次作答情况

相较于传统课堂，小组合作的任务更明确。第一次研究成果上传后，教师可以将全班的研究成果一键分享，回传给各个小组。通过观察、分析、讨论，发现别人与自己的不同，思维再次碰撞，让“变化”在不知不觉中显现出来。通过“二次回传”功能，让小组合作更有价值。俗话说，教得完整不如学得充分。通过个人独学、小组群学再到全班共学，学生思维和能力将不断提升。

第四节　个性化评价

数字化思维驱动的数学学习活动呈现出崭新的面貌，以符合数学学习的实际需求。结合小学数学课标的评价原则创新数学评价模式这就要求建立多元的评价目标和多样的评价体系。

针对不同的数学学习内容，基于数字化思维教师可以在课后探索新的练习模式，让学生在各种各样有趣的“游戏PK赛”中巩固学习基础，为后续的思维发散与能力提升奠定基础，也激发了学生的学习兴趣，从而达成课堂的实效性。

案例

儿童线上体验“扫雷”游戏

学生在学完《推理》后，利用平板电脑开始进行单人或者小组赛的扫雷游戏PK赛。在游戏中进一步巩固推理知识，同时也改善了原有练习单一、主体单一的缺陷，为不同层次的孩子提供不同难度的挑战，这种益智活动深受学生的喜爱与好评。

借助各类通信软件，学生的作品可以直接上传至群共享中，不仅便于作品的储存，而且增加了展示的渠道，更是为生生评价、师生评价创设了平台，为家校沟通打开了另一扇窗。

案例

《思维导图》班级群展示

在完成思维导图的探究报告后，学生纷纷精心准备了各式各样的思维导图。学生可以将自己完成的思维导图上传至班级群，这使得每个学生都得到了充分的展示空间。

各式各样的思维导图

教师、学生、家长构成评价的不同主体，他们的学识水平、生活经验、个人喜好不同，看问题的方式、角度也不一样，评价主体的多元化能够使评价更加客观。在学习的过程中，为了更客观地评价学生的学习情况，可以借助互联网平台推送学习资源的功能，记录学生在课前课后的学习情况。

案例

学生课前课后的测试比对

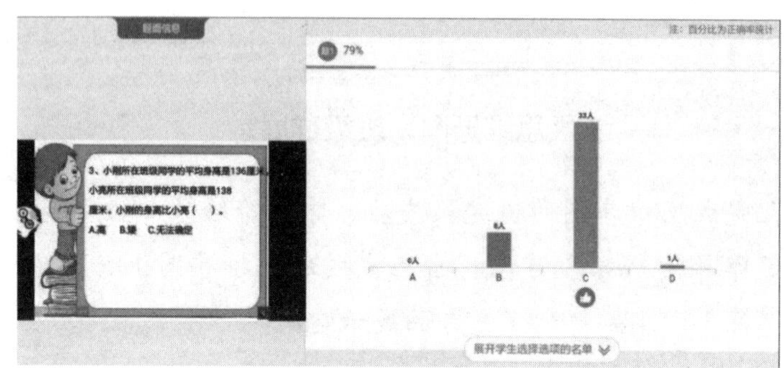

第一次（课前）答题的测试情况

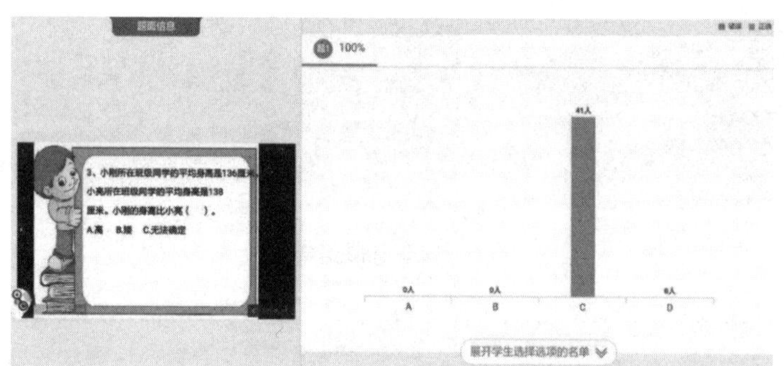

第二次（课后）答题的测试情况

这样的一组数据对比，有利于教师掌握班级的整体性评价，帮助教师节省了大量的统计时间。借助平板中运行的系统，快速呈现所有的数据，十分便捷，大大提高了课程评价的效率。

除了采取多元化的形式进行基础性的评价，笔者还尝试进行特色化的评价方式。为了更加合理地评估学生的劳动成果，不仅进行终结性成果的评价，还要进行过程性的评价，并且采取量规多维的形式，对活动过程的评价，实施量规评估。

案例

课堂评价特色指标

项目	表现	得分
积极参与提问	学生点击提交按钮	1
积极参与题库答题	学生点击提交按钮	1
积极参与讨论	学生在老师发布的讨论中提交了文字，一次讨论中发布了多条讨论的话，也算参与一次讨论	1
积极参与投票	学生点击提交按钮	1
积极参与抢答	学生点击抢答按钮	1
被随机点名	学生被随机选择到	1
参与互动并答对题目【针对客观题】小题	学生答对的客观题小题	2
参与互动并被点赞【主观题、讨论题】	学生提交的互动作品，被老师或其他学生点赞	2
参与学生讲	学生对老师授权上大屏讲解	1
被表扬	学生被老师表扬【个人、分组答题】	2
保存课堂笔记（点击书记）	学生在某次互动中点击举手【一次互动中多刺点击举手算作一次】	1
在互动过程中举手	学生在某次互动中点击举手【一次互动中多刺点击举手算作一次】	1

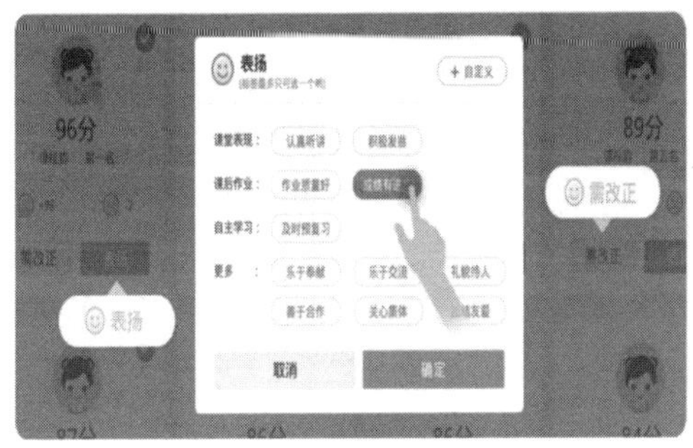

个性化评价

在课堂评价中，教师通过设置特色的评价指标，更关注学生的活动过程，对每一位学生在教学活动中的各项表现进行个性化的评价。最终以得分的形式展示学生的个性化成果，有效激励学生的学习。

借助互联网传输和存储的便捷性，可以将每一位学生的学习成果分门别类，为每一位学生建立个人档案，以便将来进行横向与纵向的比较，从而更客观地评价学生小学六年来各方面水平的发展情况。

线下评价主要通过提供不同的数学活动，弥补单一活动评价的片面性，增强活动的趣味性和丰富性，使得评价更为客观、真实、具体。借助数字化思维，将数学的学习活动再次拓展，学生可以自由选择自己喜欢的任意专题展开再次研究。这样的评价打破了固有的统一评价，丰富了评价的选择性，给予了学生自主和创新的空间。

数字化思想下的数学课堂评价，是以学生发展为本，以思维训练为核心，以丰富的信息资源为基础，以现代信息技术为支撑，通过自主探究、合作学习，学生不仅能够获得知识技能上的提高，丰富认知经验，而且能够提高数学素质和信息素养。同时，给予了学生更多的个性化展示空间，利于学生更好地体验学习数学的快乐，更促进了学生多方面的数学能力的发展。依托大数据技术，互联网平台快速统计学生在知识习得、课堂表现、课后成果等方面的数据，实时反馈学生的共性和个性化的问题，提升教学效率。

第五章

英语绘本的自适应学习

第一节　数字化思维下英语阅读改革

随着社会的发展和中高考的改革，小学英语的教学理念也在逐步发展、更新和完善，英语教学在以往注重语言知识的基础上也更加重视学生能力的培养。英语阅读是学习英语的主要方式，学生良好的阅读能力的形成不是一蹴而就的，需要教师通过结合教学中的实际情况，创造性地、灵活地、综合运用各种教学方法，激发学生的阅读兴趣，进而逐步提高学生的阅读能力。目前，小学生的英语阅读现状并不容乐观，因为英语教材所提供的阅读内容以及课堂教学时间有限，学生的阅读机会少并不能满足大部分学生的阅读需求，而数字化英语阅读资源能够很好地弥补教材内阅读资料的不足，在小学课外拓展阅读中应用"一起作业网英语绘本"，使阅读教学从课程空间开始扩展到网络空间。

一、一起作业网

"一起作业网"是一个服务中小学校师生，以提高学生学习兴趣和学习效果为目的，资源丰富、形式多样、方式新颖的在线作业平台。它不仅拥有与各年级、各学科教材相贴合的基础练习、配套试卷、同步习题等多种板块的学生题库，还拥有丰富的拓展阅读和练习资源，适合中小学各年级的学生。"一起作业网"最大的亮点是作业内容和结果以数字化的形式呈现、保存和分析，方便老师布置作业和检查作业，掌握学情，还能促进教师、学生和家长的互动与沟通。

二、英语绘本

英语绘本，有学者称为“English Picture Book”，一般指的是以图片为主，图文并茂，用学生能看得懂的英语语句讲述简单的故事，并反映社会生活等的儿童英语读物。绘本借助于图画等视觉符号可以有效地刺激学生的视觉意识，激发学生的想象力，加深英语学习的记忆力，从而促进英语语言能力的提高。作为语言素材，绘本被引进英语课堂教学中，可以弥补教材中的缺陷，为学生拓展语言知识，从而提高学生的语言能力。

三、一起作业网英语绘本

“一起作业网英语绘本”指的是“一起作业网”具备多种人机互动功能的数字化英语绘本。“一起作业网英语绘本”同普通的纸质的绘本有很大的区别。首先，“一起作业网英语绘本”的数字化特点使得其不受地域和时间的限制，让更多的学生可以同时在线阅读，互不影响；其次，“一起作业网英语绘本”除了插图外，还能通过本身的音频和动画给学生带来更多的感官刺激；再次，“一起作业网英语绘本”能够实现多层次的人机互动激发学生的阅读动机；最后，“一起作业网英语绘本”配套的练习能够帮助学生及时巩固阅读成果。

基于网络与移动终端的新型学习方式给了儿童一个能够拓展英语阅读的机会，可以让他们用心去感受英语世界中最真实的东西。在绘本的阅读过程中，能够近距离地感受英语。学生将学会英语世界的思维，构建出正确的思维过程，养成个性化自主学习的习惯。

第二节　一起作业网英语绘本教学模式

一、英语绘本阅读教学技术支撑

结合目前互联网下已有的信息技术，对英语绘本阅读课程进行整合优化，确定了基于评价的教学模型，该模型包含评价（Assessment）、教学法（Pedagogy）、技术（Technology）三个维度，简称为APT教学模型，同时将学生、学习内容纳入考虑，由此来优化课堂、转变学生学习方式。APT教学模型如下图所示。

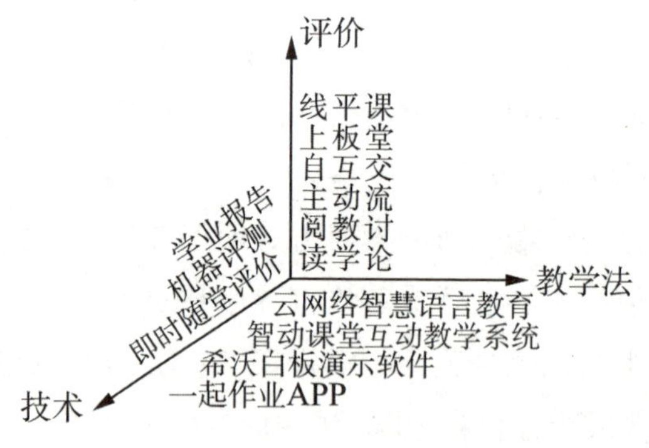

互联网下绘本APT教学模型

根据该教学模型，需要云网络智慧语言教室（专业的英语教学软件和硬件设施）、智动课堂（智慧教室实现教师和学生PAD、APP互动教学）、大数据智慧教育云平台等设备来建设互联网思维下的英语教学。实现英语专业教学、互动教学，课前、课后、课外系统教学的教学场景。让学生全方位沉浸在英语教学的环境中，达到教学目的，呈现教学成果。

（一）以云网络智慧语言教室为支撑

云网络智慧语言教室能一室多用，既可以作为英语自主学习室，又可作为智能化的语言教学室，还可以用作听说教学室、协作式教学室，同时配备小学资源库管理系统。云网络智慧语言教室实现了一室多用的设备共享，提高了教室使用率，满足了不断增加的网络教学应用需求。

（二）智动课堂互动教学系统

建设以平板电脑设备为主的新型数字教室，构建起基于数字课堂环境下的新型学与教模式。通过智动课堂来展开多种形式的互动式学习，学生能够获得丰富的语言学习体验，通过师生的积极互动来实现对知识的意义建构，从而优化学与教的过程，可达成教学网络化、学习个性化、评价常态化、学生中心化。

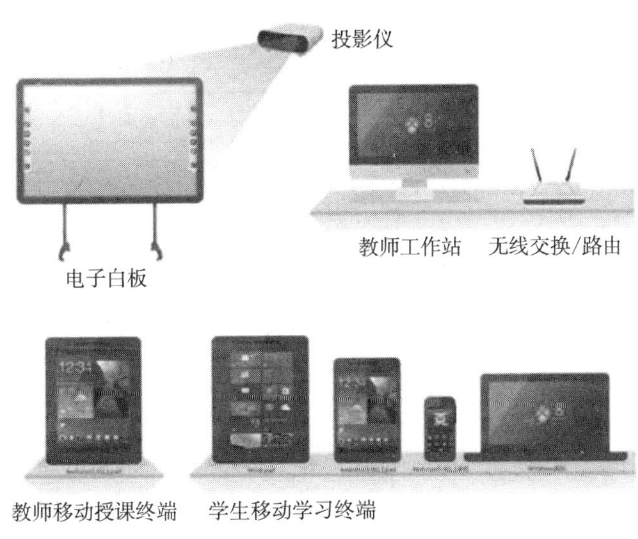

平板互动阅读教学架构

（三）一起作业APP辅助

在教材内容拓展学习中，APP软件可以补足课内教学资源的贫乏，“一起作业网”既可以做课前预习和课后巩固，还可以在课堂教学延伸时应用，让学生基于教材阅读再进行拓展阅读，以一起作业的绘本作为补充阅读材料。

二、一起作业网英语绘本阅读教学设计

互联网的学习环境为我们提供了一个可以即时沟通和交流的平台，智能的互动课堂教学软件又提供了很好的学习辅助软件和课程相关资源。因此，在课前、课中和课后一般教学过程的基础上，结合教学设计模型框架，根据移动学习环境下的特征和其所能给教与学所带来的改变，设计了基于一起作业网平台的的小学英语绘本阅读教学设计框架，如下图所示。

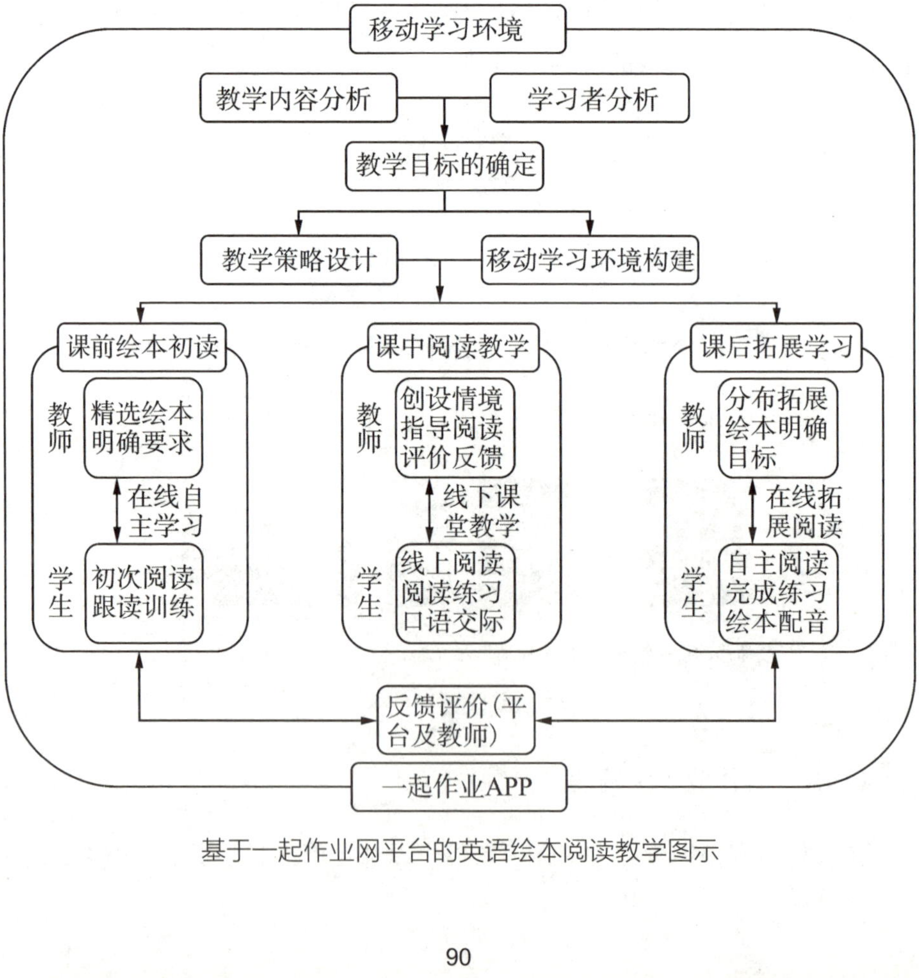

移动学习环境

教学内容分析

学习者分析

教学目标的确定

教学策略设计

移动学习环境构建

课前绘本初读

教师 精选绘本明确要求

在线自主学习

学生 初次阅读跟读训练

课中阅读教学

教师 创设情境指导阅读评价反馈

线下课堂教学

学生 线上阅读阅读练习口语交际

课后拓展学习

教师 分布拓展绘本明确目标

在线拓展阅读

学生 自主阅读完成练习绘本配音

反馈评价(平台及教师)

一起作业APP

基于一起作业网平台的英语绘本阅读教学图示

该设计框架通过移动学习环境拓展了学习的时间和空间，打破了原有的教学活动只集中在课堂进行的模式，将课前、课中和课后的阅读教学活动联合起来，形成了一个完整的教学模式。

绘本阅读教学过程是师生在共同实现教学任务中的活动状态变换及其时间流程，由教师、教学内容、教学环境（包括教学媒体）和学生等四个要素的相互作用构成。在互联网学习环境下的小学英语绘本教学应用模式中，阅读教学过程同样包括了课前、课中和课后三个阶段。考虑到小学生的自主学习能力有一定的局限性，本模式着重将英语绘本阅读学习的重点放在了课中和课后，并强调了互联网学习环境下的阅读是无处不在的和突破课堂时空范围的，个性化的拓展教学过程也是放在了课后的过程中，因为课中的课堂教学还是应该用来授课和促进学生理解并掌握知识的。

三、一起作业网英语绘本阅读教学策略

（一）一起绘本阅读辅助教学策略

携平板电脑进行一起作业绘本教学，对教材所学进行有声、有图、有视频的拓展，实现英语绘本动态化学习。利用平板可以在课堂中实现传统课堂中不能实现的一些教学环节，可让知识点更具体地呈现在每一位学生面前，学生可以通过自己的听读、阅读，触屏点击声音、图像和文字去感知所学的语言，并通过人机的交互，把自己学会的语言表达出来。

1. 人机交互构建知识

教师需要帮助学生建立与知识之间的直接联系，使得学生通过对话、交流、合作，运用知识，掌握知识。教师可结合一起作业上的练习再增加一些精心设计的阅读练习，让学生可以自主独立学习或伙伴互助学习，帮

助学生与知识建立联系，在讨论、思考、交流中实现知识的碰撞。其实，知识包含默会知识与显性知识，教师讲给学生的显性知识，只是冰山一角。大量的默会知识是深深隐藏在孩子的潜意识和过往经验中的。当学生合作学习时，优等生把自己理解的观点讲授给潜力生时，他是需要调动自己的过往经验的。而且学生之间处于相近的认知程度，有些话教师讲了，潜力生未必会理解，而学生用自己的语言去组织，他们的同伴很容易就明白了，理解了，会用了。平板电脑让教师退居幕后，让学生自己与知识直接建立联系。

案例

四下4单元My Clothes 的绘本拓展阅读《Silly Willy》

活动1：读绘本移动衣物，帮助理解内容。

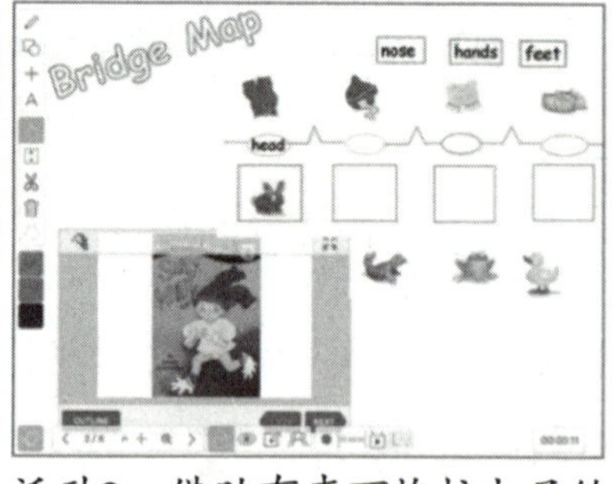

活动2：借助有声可拖拉电子绘本，排列桥型思维导图，清理故事大意进行表述。

活动3：阅读拓展训练，创造性使用衣物来表达语言。

经验之谈：

ipad 教学设计让《Silly Willy》的阅读教学方式更多样化，更具有互动性，让阅读更真实更贴近于孩子的生活实际，不仅趣味性强，而且满足孩子个性化的阅读需求，听读自主，图文结合，在拼拼移移中更好地理解了文本，同时阅读思维得到了提升。

2. 数字课堂即时反馈

在智动课堂互动教学系统下，平板电脑可以使教学资源的呈现方式更为直观化。学生在一起作业上进行绘本阅读与拓展训练时，系统可以记录学生的学习轨迹，精准地对学生的学习过程做出分析判断，便于教师收集学生完成的情况，及时在课堂上反馈信息，并调整自己的教学进度或方式。然后，教师针对错误率30%以上的题目进行讲解。利用即时生成的教育资源，教师根据学生的掌握情况调整教学策略，有的放矢地进行课堂教学。

3. 智慧游戏点燃兴趣

一起作业中有组织、有设计的游戏活动既可以激发学生的英语学习兴趣，又能训练语言文字。游戏赋予"按键行为"以意义，让学生乐此不疲地学习。把这些任务推送给学生是最受欢迎的环节，配合了学生的心理需求，绘本阅读的一些关键内容都是通过活动来让学生更深入地进行探究，学生在游戏中学懂了文本，阅读的过程呈动态化。

（二）一起绘本阅读课后拓展应用策略

1. 绘本内容贴切，延展教材内容

检验知识是否掌握的标准，在于能否将知识灵活应用，提高学生的英语语言运用能力一直是英语教师的不懈追求。教材中文本知识有限，对于部分程度较好的同学来说是典型的"吃不饱"。绘本能自然地创造出真实、自然的学习情境，加之绘本的艺术美，更能吸引学生的注意力。一起作业的英语绘本与已有教材话题非常贴切。在绘本灵活的语言中，在精美的图画中，学生不仅巩固了书本知识，而且提高了灵活运用知识的能力。

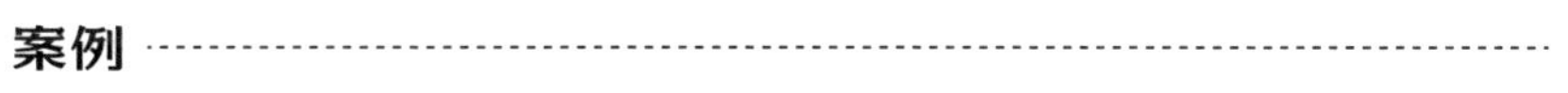

案例

绘本Trying on Clothes

人教版PEP4第五单元，主题是"clothes"，书本上呈现的是若干衣物的图片和在家里整理衣服的情境，绘本Trying on

Clothes，帮助学生在真实情境下，描述试穿购物衣服的经历，既巩固课上所写又延展了课外日常语用。

2. 支架辅助阅读，自主学习有序

“一起作业网”的绘本，将语言点进行了整合，并设计了阅读辅助，为学生课外的独立阅读提供了抓手，为学生的自主学习提供了支架。在每本绘本的第一页，都有类似的步骤说明：①阅读绘本；②词汇学习；③跟读练习；④习题闯关。这些步骤的设置可以帮助学生明确本次作业的内容，做到心中有数。在阅读之前，“一起作业网”提供了语言点的清单，大大减少了学生阅读绘本的难度。这个绘本的难度如何，生词量有多大，学生只需要观看语言点清单就能一目了然。例如，绘本In Class包含以下重点词汇：classroom, welcome, sign 等。观看这个清单后，学生找出不认识的单词，然后进入词汇表，进行读前的感知。在阅读后，“一起作业网”设计了读后练习，这样可以引导学生更加深刻地理解文本。这些练习都是针对文章内容设计的基础练习，不涉及生词和语法，主要是锻炼学生从文本中获取信息的能力。

3. 阅读活动多样，扩展学生视野

基于教材上的许多话题，一起作业的绘本还设计有丰富多彩的活动，学生能利用课外时间拓宽知识面，了解不同文化，增强了语用交际能力。

绘本阅读的活动设计环环相扣，活动有趣有效，把阅读变成一个动态的阅读过程，重点扎实练习，难点巧妙突破，孩子能独立自主完成所有任务，阅读的能力、语用的能力得到针对性的训练，并能进行有效检测。

案例

绘本阅读活动

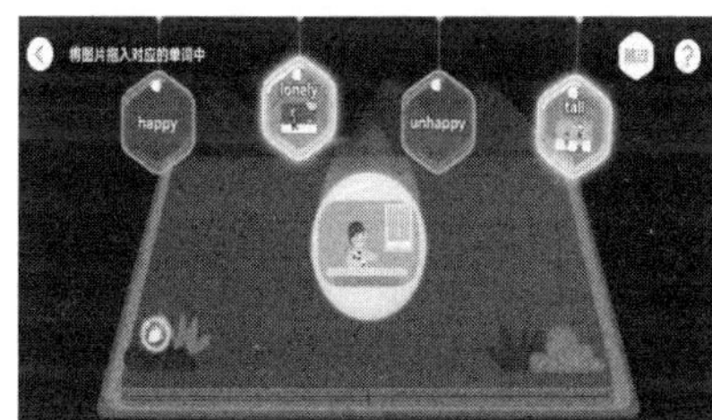

Step1　高频单词学习

Step2　跟读录音

Step3　阅读理解选择

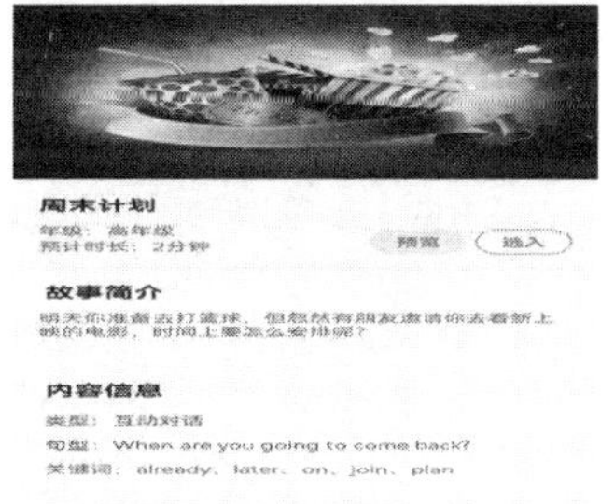

Step4　绘本配音或口语交际练习

教师还结合在线阅读设计额外的读后任务，并使其呈现梯度性，既能复现文本信息，又能提升学生综合素养。例如，在学生读完*In Class*这个绘本之后，可自选任务完成：1. 复述文本中对教室的描写；2. 描述自己班级的教室；3. 自制*My Dream Class*绘本并进行展示。这三个任务从易到难，锻炼了学生的想象力，体现了区分度和综合性。

第三节　绘本阅读智能评价

“一起作业网”设计了绘本的通关练习，先阅读，后闯关。在跟读练习、词汇练习、阅读理解小测试中都可以评测出学生的绘本阅读能力，绘本配音和口语交际的环节可进一步提高学生的口语表达能力。每一篇阅读的练习都是经过精心设计的，练习后学生能即时了解自己完成的情况，加以改进。

一、实时反馈，促使自主学练

口语习惯的养成是一个长期的过程，因此对于学生的口语表达，需进行即时反馈，即时纠正。学生在绘本阅读时进行跟读和配音，在录制过程中就会收到即时评价，看到语音语调的得分，如果学生对分数不满意，可再次练习，直至进步。完成阅读理解的练习后，学生也能清楚知道自己完成的结果，如果有错也可以查看题目的解析。“一起作业网”真正让学生做到了自主学习，得到即时评价，可有效促进学生的进步。

二、后台监测，全面有效跟进

一起作业绘本阅读为教师设计了简便易行的阅读练习检查方法，打开检查界面，即可浏览每个学生的作业完成情况，综合考量整个作业的难度。在简单的浏览之后，教师可以点击每一位学生的情况进行细致查看，并根据实际情况给每个学生输入具有针对性的评语。这样可以真正做到评价的细化，给予每位学生正能量的评价与鼓励。“一起作业网”还免费为教师提供了“学豆”，教师可以奖励给学生。学生通过积累“学豆”，可在“一起作业网”兑换奖品。这样的设计大大提高了学生的积极性。教师能在后台看到学生阅读练习完成的情况，了解学生的相应成绩，通过横向分析错误点，教师能从宏观上了解全班学生的错误点，再及时进行有针对性的讲解，并指导练习，提高阅读练习的效率。

案例

“一起作业网”绘本通关阅读

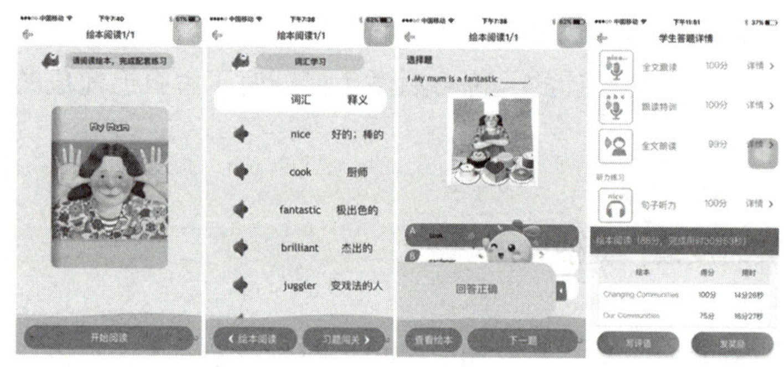

四上绘本课程My Mum，学生在“一起作业网”上进行阅读通关练习。学生阅读的积极性很高。经过练习，也较真实地反映出学生阅读的水平

三、评价报告，数据记录成长

“一起作业网”会在学生完成学习后生成学生个人成长报告，教师可根据学生绘本阅读的“单元报告”“学期报告”了解学生学习的情况，及时掌握学生学习情况的动态变化。根据学生的动态变化，教师可以科学地制订学生的评价方法。教师在布置作业时，可根据不同学习能力学生的需求设置不同的任务，因此形成的评价标准也因人而异，迎合学生的需求，

帮助学生按不同的评价标准，真正地运用语言知识，激发学生的无限潜能。

一起作业绘本阅读辅助学生进行课外阅读，大大提高了学生阅读的积极性，也降低了学习的难度，帮助学生真正成为阅读的主人。它可以提升课外绘本阅读活动的趣味性，激发学生兴趣，让学生不怕阅读，深入阅读，从而成为阅读的主人。

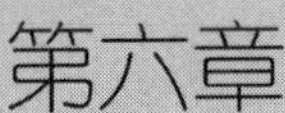

数字绘画的沉浸式学习

第一节　数字绘画学习模式

数字绘画将数字化思维与传统美术学习融为一体。借助数位屏现代技术的数字绘画教学可以让学生体验学习的乐趣，促进教学方式和学习方式的变革。结合数字绘画教学实践，探索出“添加替换——创意想象”“分解组合——多元探究”“简单动画——移动交互”三种数字绘画学习模式。

一、“添加替换——创意想象”数字绘画学习模式

美术课程中“设计·应用”领域的学习，需要学生的创意想象。“添加替换——创意想象”模式重在借助图像素材引导学生欣赏，利用数位屏软件尝试直接在素材上添加绘制或局部替换素材，从而呈现新的创意。这种基于数位屏的数字绘画学习模式有效拓宽了学生的知识面并呈现出多样的数字表现方式。

（一）操作流程

“添加替换——创意想象”数字绘画学习模式的基本流程如下。

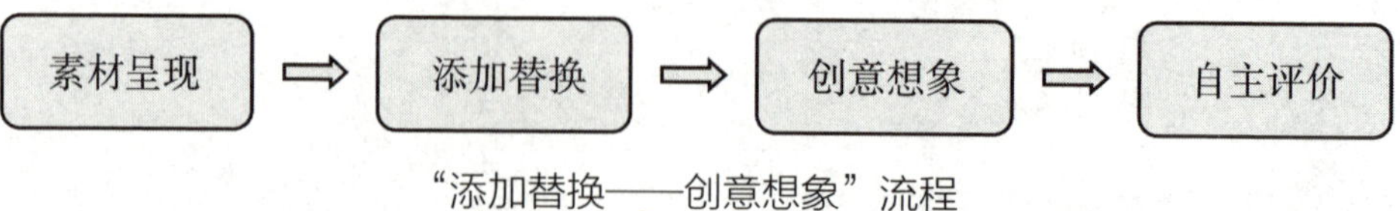

“添加替换——创意想象”流程

素材呈现是指通过互联网络搜集图片素材或利用国产绘画软件《奇奕画王》中的图库素材选取创意对象。添加替换是指借助数字画笔对素材在

数字绘画软件中进行局部的绘制或替代。创意想象是指学生对数字绘画软件的多样探究和对数字绘画作品的丰富呈现。自主评价是指在数字绘画软件中，学生通过自主打星和录制作品语音等方式对学习过程和作品进行评价。

案例

《字的创意设计》片段描述

在创编的数字绘画学习中，如《字的创意设计》一课，学生调取数字绘画软件中的图库素材以及网络素材进行汉字的笔画替换，同时利用多样的画笔功能创造了许多有创意和想法的有趣文字，如右图所示。

（二）实施要点

要点一：基于作品内容的添加替换。想象力是创意的源泉，借助数字绘画软件可以解决学生“想画却画不出”的绘画表现问题。学生基于对作品内容的理解和想表达的创意，直接在图片素材上进行添加替换的操作，实现创意表达。

要点二：基于学习主题的创意想象。让学生在不断的思维碰撞和头脑风暴中，围绕学习主题开展沉浸式学习，借助数字技术发散思维，发挥人的主观能动性。

二、“分解组合——多元探究”数字绘画学习模式

教学中开展以合作学习为基础的美术学习模式：先通过数字绘画软件

分解图像，再进行有主题的分解探索，在合作探究中促使学生对作品有进一步的认识。

（一）操作流程

“分解组合——多元探究”数字绘画学习模式的基本流程如下。

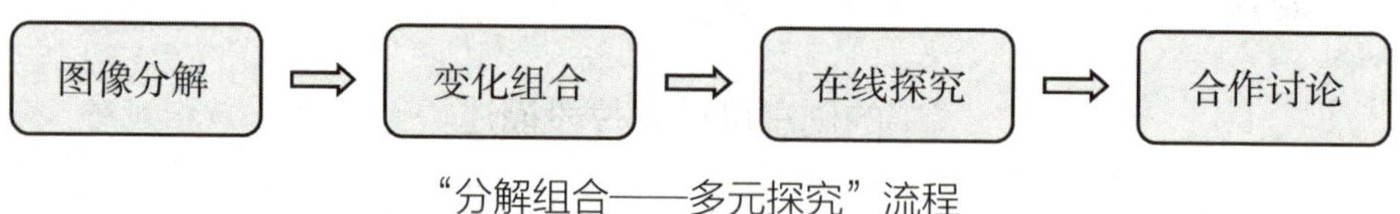

“分解组合——多元探究”流程

图像分解主要是针对民间美术主题的作品，把民间艺术作品中的形式语言以及它们的组合关系分解出来，将作品具体化、形象化。变化组合是指选取民间美术作品中的元素作为素材进行重新变化组合设计，形成新的艺术作品并运用在生活物品的装饰上。在线探究是指以独立操作或几人合作的方式，在联网的数字绘画软件中进行线上互动交流。合作讨论是指以信息化手段为基础，开展合作交流、质疑互补式的讨论。

案例

《百家衣》片段描述

在自编的《百家衣》一课学习中，百家衣对于大多学生都是陌生的，通过图案元素材的提取，降低对民族服饰的理解难度。提取百家衣上的三角形元素及重新组合设计，产生新的设计图案并运用于生活物品的装饰中。

（二）实施要点

要点一：基于作品内涵的图像分解。图像分解并不适用于所有的美术专题。在分解图像时，要对美术作品的内容、背景、文化、制作工序等有一定的理解，在遵循这些原则的基础上有意识地进行分解。

要点二：基于文化理解的合作讨论。民间美术作品富有深厚的民族文化内涵，帮助学生理解相应的文化能拉近学生与作品的距离。教师应注重引导学生对文化的理解，促进美术学习的深入开展。

三、“简单动画——移动交互”数字绘画学习模式

借助数位屏和数字绘画软件，实现简单的动画类美术作品创作。教师引导学生自主学习，教师和学生之间形成良好的互动学习方式。

（一）操作流程

“简单动画——移动交互”数字绘画学习模式的基本流程如下。

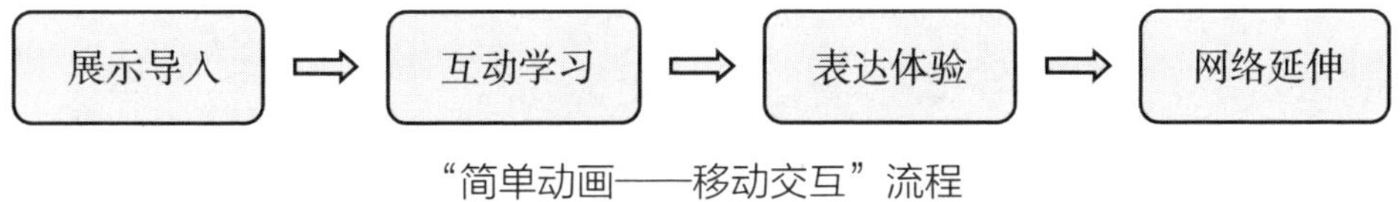

“简单动画——移动交互”流程

展示导入是指利用信息化环境直接呈现欣赏对象，展示“会动”的画，导入学习主题。互动学习是指借助数位屏和数字绘画软件进行自主欣赏和探究、互动和表达。表达体验是指运用数位屏或平板电脑进行课堂创作表达，并进行自我解说、交互评议等活动。网络延伸是指在信息化环境下展示课外网络学习资源、指导学习方式，鼓励拓展学习。

案例

《拍一部小电影》片段描述

在《拍一部小电影》一课中，小组合作编写脚本，制作道具并用平板拍摄道具移动的每一幅画面。在数字绘画软件中，将拍摄素材按顺序导入进行编辑，并合成简单动画。数字美术调动了学生的学习兴趣，他们的参与度极高。数位屏技术的使用也让简

单动画的美术学习在课堂中得到实现。

（二）实施要点

要点一：基于虚拟现实技术的动画制作。此学习模式运用了较多的数字化设备和软件，学生需要掌握最基础的操作技术。教师也要在实践研究中梳理最适合学生的学习方式、学生易于掌握的操作技术，让教学实现高效的学习效果。

要点二：基于平板的移动性。在简单动画制作的拍摄中，充分发挥平板的可移动性，开展移动学习。教师的教和学生的学都不受场地的限制，实现更有效的数字化沉浸式学习。

第二节　数字绘画的学习内容

笔者对浙美版小学美术教材中适合数字绘画学习的内容进行了梳理、分类、整合、创编，建构了创意想象类、民间美术类和简单动画类等体系并开展主题单元学习，让学生的能力得以连贯和持续的发展。

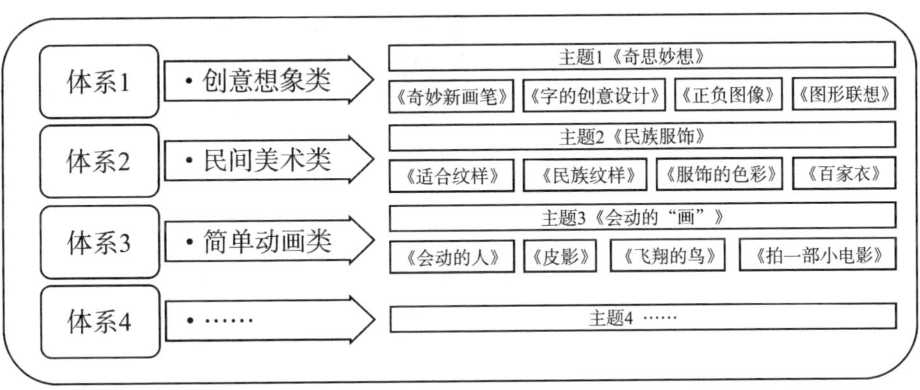

数字绘画体系及主题内容

一、创意想象类

根据学生学习的实际情况，教师在数字绘画软件中导入素材并为学生提供简便、可操作的方法。当学生在交流互动的过程中萌生创意时，可以直接在素材上进行联想绘制，充分发挥数字绘画的优势。

案例

"奇思妙想"主题

课题	图片展示
奇妙新画笔	
字的创意设计	
正负图像	
图形联想	

二、民间美术类

运用数位屏技术和数字绘画软件，创新民间美术类的教学方式。例如，围绕"民族服饰"主题单元，从"适合纹样—民族纹样—服饰色彩—民族特色服饰"展开教学，借助数位屏技术和数字绘画软件，让学生对民族服饰中的色彩和图案元素从发现、比较、整理到创作表现进行完整的体验，从而加深学生对这一类美术作品的感受和认识。

案例

“民族服饰”主题

课题	适合纹样	民族纹样	服饰色彩	民族特色服饰
教学目标	运用均衡式、对称式、旋转式等多种设计方法，进行适合纹样的设计	在前一课的基础上，掌握民族纹样的特点，进行连续纹样的设计	运用上两节课设计的纹样，筛选组合，运用色彩配色知识，进行服装的色彩搭配	了解民族服饰，运用民族纹样，有意识地设计服饰并搭配色彩
教学分析	在一定的形状中，学生将设计好的单独纹样进行有规律的重复排列	重复有规律绘制纹样花费时间过多，导致在有限的教学时间内，学生作品较简单或未完成	在搭配色彩的过程中，需要颜色的比较，数字绘画可以大胆填色，并替换	综合运用前节课的知识和方法，对民族服饰有一个整体且深入的了解
软件功能运用	1. 选取复制 2. 组合操作（水平翻转、垂直翻转、旋转） 运用《奇奕画王》软件的复制、粘贴、旋转、翻转等功能，可有效节约绘画时间		1. 倒色工具 2. 画笔工具 《奇奕画王》软件的绘画单元中多样的画笔和色彩工具，模拟真实的画笔效果，调出想要的色彩	

三、简单动画类

运用一支手绘笔和一块数位屏，便能轻松完成简单的定格动画制作。

从皮影戏到粘土作品，一张张拍摄的照片在数字绘图软件中“动”了起来并成为动画片，不但受到学生们的喜爱，而且增加了课堂的趣味性。从静态到动态，从平面到立体，在美术教学中运用多样的美术材料进行视觉造物的转换，有助于培养学生的动手能力和创造性思维。

案例

“飞翔的鸟”主题

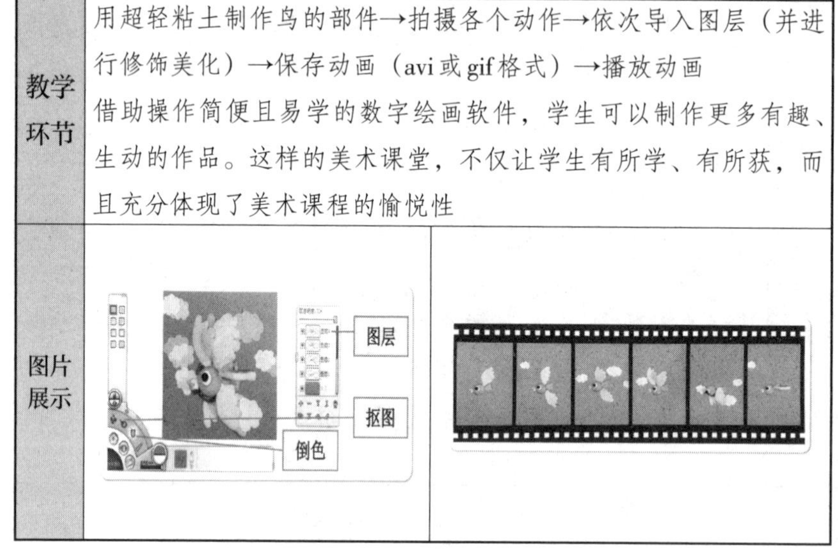

教学环节	用超轻粘土制作鸟的部件→拍摄各个动作→依次导入图层（并进行修饰美化）→保存动画（avi或gif格式）→播放动画 借助操作简便且易学的数字绘画软件，学生可以制作更多有趣、生动的作品。这样的美术课堂，不仅让学生有所学、有所获，而且充分体现了美术课程的愉悦性	
图片展示		

第三节　巧用数位屏技术探索沉浸式学习的策略

教师选择制订具有可操作性、灵活性、综合性的美术学习策略。巧用数位屏技术，可以打破传统美术课堂教学的壁垒，实现“跨越时空”“突破图层”和“多元互动”的美术教学。针对数字绘画的学习特点，笔者在教学实践中不断探索能够让学生在欣赏、制作、互动等过程中开展沉浸式学习的多种策略。

一、“赏”数字作品

数字化时代，开放的互联网为人们的交流提供了一个便捷的平台。教学技术也因为数字化时代的来临发生了质的飞跃。①世界各地博物院等机

艺术APP展示

① 钱初熹．文化创意产业与当代学校美术教育的研究［M］．长沙：湖南美术出版社，2012：151.

构开发的各种艺术APP中蕴含了海量高清艺术作品：有的按照流派和作者分类，让读者对艺术史有一个清晰的认识和了解；有的针对一幅作品进行全方位的讲解，配以音乐、视频、语音、图像解构等虚拟现实技术手段；有的结合增强现实技术，带读者身临其境地走进各地的博物馆，近距离地欣赏艺术珍品。这些APP中的很多艺术作品都可以用来作为教学资源。

在课内外，运用平板、一体机、数位屏等数字设备，进行数字美术作品的赏析，调动学生感官，打破原本对艺术作品的认识范围。这有助于提高学生学习美术的兴趣，有利于提升学生的综合能力，有益于拓宽学生的艺术视野。

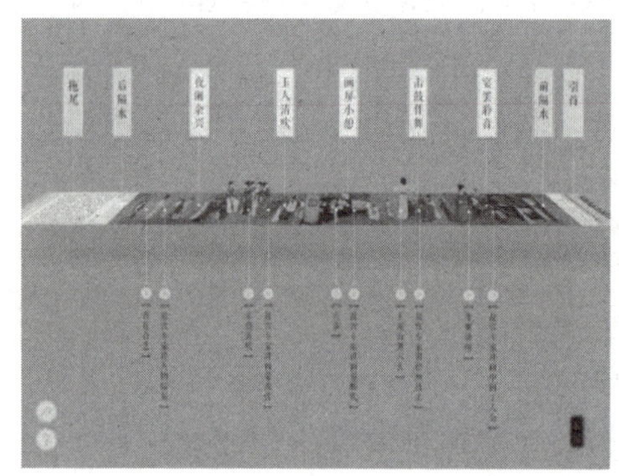

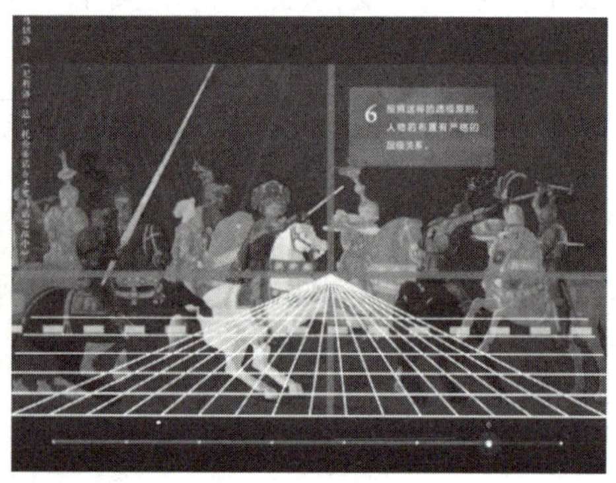

数字美术作品的赏析

二、“用”数字技术

结合不同的数字绘画主题，运用《奇奕画王》数字绘画软件中多样的操作工具，让创作过程更有趣、课堂更高效、作品呈现更多样、表现形式更丰富。

（一）多种画笔，衍生新技法

在平时的美术学习中，学生创作的空间有限，过多的绘画材料携带不便，学生使用的画笔工具相对固定。而现在，学生用一支手绘笔轻点数位屏便能走进奇妙的数字绘画世界。

在绘画单元里，我们可以找到各种仿真画笔：铅笔、钢笔、喷笔、水彩笔、油画棒等，用漆桶倒色，用魔术棒点选区域修改，用特效处理画面。数位屏能感受到手写笔用力的大小，能逼真模拟书写中的笔触、笔锋，通过控制压感笔压力的大小和用笔速度，可以在屏上轻松画出粗细浓淡的点、线、面，也可结合相关美术软件的功能，进行形式多样的笔触、肌理表现。这些功能基本能满足学生绘画学习的需求。借助虚拟现实环境，学生不受画笔材料的限制，进行大胆创作。在一张作品中运用不同的绘画技法来丰富视觉效果。学生在尝试、探索中，创造出自己的绘画技法。

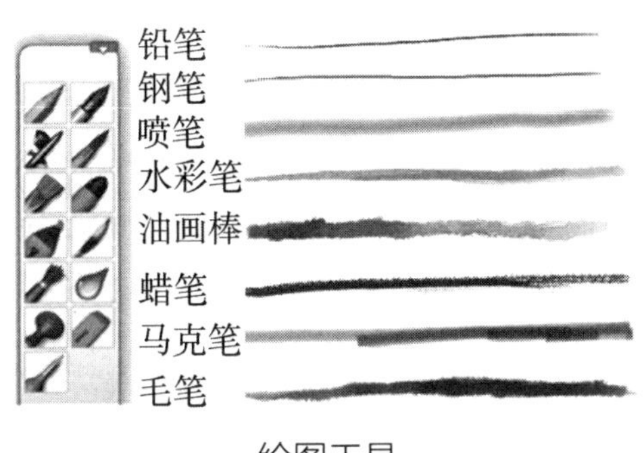

绘图工具

（二）多变色彩，缤纷展图像

色彩，作为艺术作品中的符号形式之一，它能反映出绘画者的情感变化。学生每天生活在充满色彩的世界里，他们的视觉时刻与色彩发生关系。面对一盒蜡笔、马克笔，总有学生说彩笔盒里没有自己想要的颜色。这缘于个体对生活中色彩的知觉感受。数字绘画软件则弥补了彩笔盒中缺少的颜色，学生在颜色面板中可以直接点选其中的任何一个颜色，也可以通过输入不同的数值“调出”想要的色彩。同时，“暗房”工具能将作品的整体或局部进行色彩调节和处理，让作品锦上添花。

数字美术作品

（三）多个图层，灵活更高效

图层是数字绘画软件中最具有特色的功能。在纸稿上的绘画，若绘制好线稿或上好色后，则不能进行大的改动和颜色的替换，只能稍加修饰。而在数字绘画软件中，图层能将一幅画的背景和不同素材拆解分散到不同图层，支持单独处理，帮助学生在绘画创作中厘清思路，并且通过调整某一个图层的画面色彩、造型，使得创作的过程不受约束。此外，利用图层还能让画“动起来”！

案例

《拍一部小电影》片段描述

在《会动的画——猫的故事》案例中，学生将猫作为主角，并编写了一个简短的故事。其中一个镜头：猫摇摆尾巴表现出很得意的样子。在绘画造型中，通过在每一图层的局部变化（猫的尾巴摆动），叠加在一起连续放映，猫尾巴就动起来了。

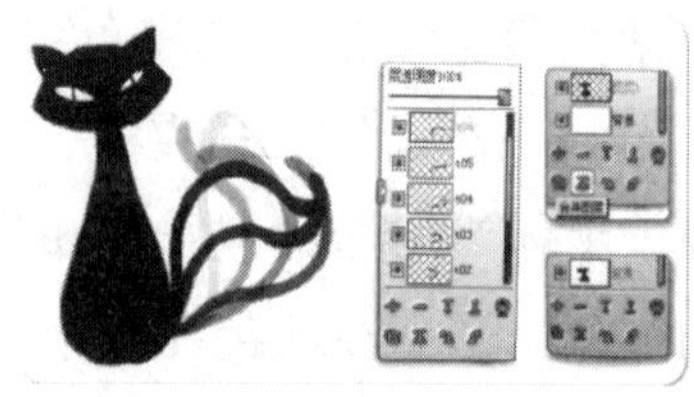

（四）多样工具，创作呈多元

数字绘画是一种无纸艺术。它将计算机与传统美术创作融为一体，为学生创作美术作品提供便捷性，突破了传统绘画工具的局限性。美术作品的形式多样，如蜡笔画、彩铅画、水彩画、版画、刮画、水墨画、油画等。不同绘画工具绘制的作品，呈现不同肌理与形式美感。通过数字绘画软件可以绘制出形式多样的绘画作品，这将带给学生全新的体验。

数字绘画软件具有强大的工具，在《奇奕画王》软件界面左下角的单元区中有绘画、暗访、图库三大单元，点击各按钮后主要的功能就会以结构图的形式展开呈现。综合运用各种工具条里的画笔工具、图层管理以及属性面板的区域选择功能，可以呈现出多样的绘画韵味。

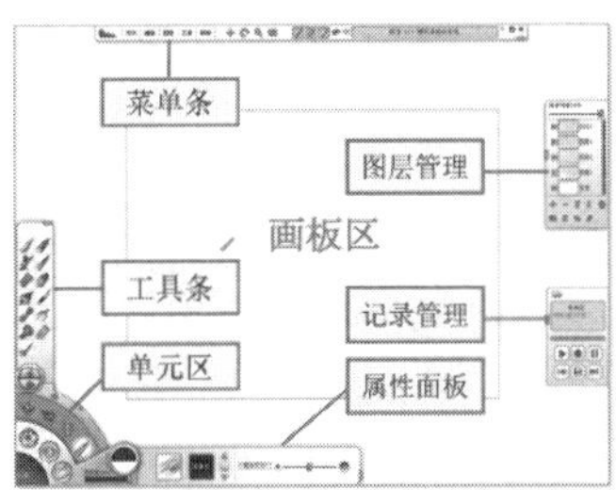

《奇奕画王》数字绘画软件的界面功能

三、“说”创作过程

学生在美术学习中到底学到了什么？我们不仅要留意学习的过程，还要分析学生的作业，更要重视学生的学习感受。语言是最简便的学习感受的表达方法。[①]

① 李力加．名师如何炼就名课（美术卷）［M］．重庆：西南师范大学出版社，2010：226.

案例

《生活中的科幻》自评环节

教师语言：请大家对自己的作品进行评价。针对绘画内容、绘画构思、绘画技巧等自己感兴趣的方面，用软件里的录音功能进行录制，并与同学分享。

学生介绍作品的录音：这是我画的科幻画作品《智能汽车》。画面表现的是司机开车看到的眼前世界。车内不仅有应急用品，而且在遇到危险时还能帮助司机开车。车上还有多功能眼镜，能提前获知道路前方的最新动态，合理安排行车路线，避免堵车。

学生对作品进行自评，是一次自我的对话，让自己深入思考。软件的录音功能不仅起到了记录作品的作用，也能让对作品感兴趣的同学了解作者的创作想法。

案例

《生活中的科幻》师生互评环节

教师语言：听了同学对她自己作品的介绍，谁来说一说你的感受和想法？

学生录音1：我觉得她的作品构图很巧妙，汽车的许多功能通过标字进行解释，让大家看得更明白。

学生录音2：她的颜色我很喜欢。运用了不同的蓝色表现前后视野看到的颜色，我还发现她的一个绘画小技巧：你看，人的手用了深浅两种颜色，很有立体感。

课堂中当即交流作品，特别真实也让学生感受最为深刻。在互评作品的相互欣赏过程中，学生从自己感兴趣的点出发，相互交流学习，收获满满。

根据学情分层探究，结合美术活动中的任务，教师可以把能力倾向不同的学生分在一个小组里开展学习。学生在合作与交往中，优势互补，进行知识建构；发现问题，解决问题，从而提高自身的美术能力和素养。

第四节　沉浸式学习的评价设计

在数字化思维驱动下，美术教学活动中的评价方式也需要与时俱进，以符合数字绘画教学的需求。在数字绘画的教学实践中，笔者利用多样的资源开展教学评价。在此过程中，学生参与评价的积极性高、主动性强，并就评价方式献计献策。经师生实践探索，数字绘画的评价方式呈现出多样、有趣、互动性强的特点。

学生使用《奇奕画王（儿童端）》数字绘画软件完成作品绘制后，点击“文件”上传作品，教师便能在《奇奕画王（教师端）》数字绘画软件“课程内容”中查看学生提交上来的图片作品，同时教师可以根据每位学生的不同学习情况，进行针对性的评价。在《奇奕画王（教师端）》的评价管理中，教师可以自行设定学生评语，以便在课堂及课后选择合适的评语对学生的作品进行评价。

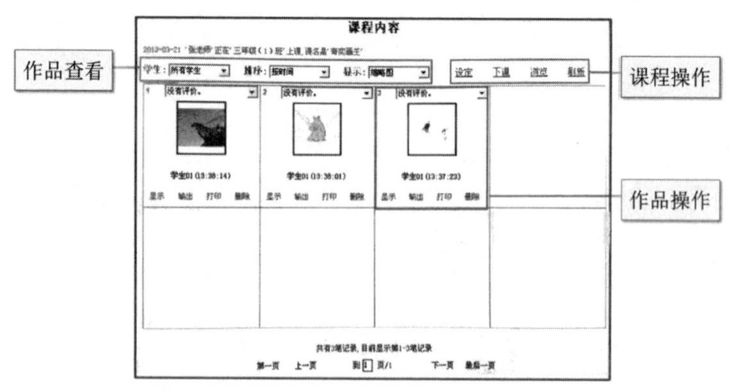

《奇奕画王（教师端）》评价管理

部分教师评价展示

评价	成绩	要求
布局合理，风格统一	★★★★★	修改
手法独特，表现力强	★★★★★	修改
色彩协调，搭配合理	★★★★★	修改
构思新颖，创意独特	★★★★★	修改
技术多样，基本功好	★★★★★	修改
效果特殊，敢为人先	★★★★★	修改
构图饱满，非常大气	★★★★★	修改
观察细致，细节精彩	★★★★★	修改
思维敏捷，绘画快手	★★★★★	修改
主题鲜明，思路明确	★★★★★	修改

Wacom数位屏和《奇奕画王》数字绘画软件都具备“录音／播放”功能。学生在数字绘画软件中可以为绘画作品补充一段录音或配上优美的音乐，给自己的画编故事并同作品一起保存下来，便于与其他同学共同欣赏。“屏幕录制”功能支持将绘画创作和语音讲解的过程录制成视频格式。同样，教师也能运用录音的功能进行针对性的作品点评并及时反馈给学生。

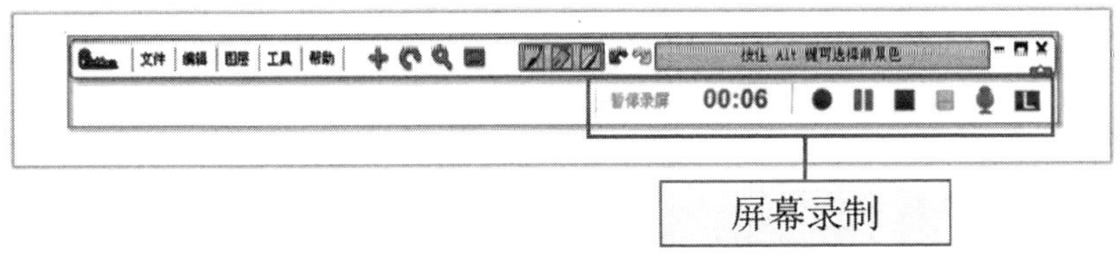

屏幕录制功能

彩色打印机可以将数字绘画美术作品转化成彩色纸质作品。通过彩色打印机，数字绘画美术作品实现了从线上到线下、从“虚拟”变成“实物”的变身，便可进行进一步展示与分享，并起到美化校园环境的作用。同时，将美术作品与相对应的作者姓名、作品简介等信息制作成二维码与纸质作品一起进行“虚实相结”的展示。

微信扫描浏览展示

第七章

美术“造型·表现”艺术实践的元认知学习

第一节　美术“造型·表现”艺术实践学习背景

一、美术“造型·表现”艺术实践

《义务教育艺术课程标准（2022年版）》中把美术学科课程内容划分为“欣赏·评述”“造型·表现”“设计·应用”和“综合·探索”4类艺术实践，其中，又将“造型·表现”学习领域划分为平面造型、立体造型、动态造型和多维造型，要求学生通过学习掌握美术知识、技能和思维方式，围绕题材，提炼主题，采用平面、立体或动态等多种表现形式表达思想和情感。

美术学科的特殊性决定美术课堂的多元性，传统美术课堂的单一化教学模式已经远远不能满足数字时代下成长起来的孩子们的需求。在保留传统美术课堂好的教学模式基础上，笔者所在的美术教研团队利用现代信息技术和数字化平台来提高美术学科课堂的质量和效率。

俗话说：兴趣是学习最好的老师。能力的形成往往与兴趣相辅相成。随着我们对数字化思维认识的深化，在课堂教学中借助多种APP应用优化教学方式以促进学生对美术课程的主动学习，这不仅最大化地发挥了美术学科的创意性和体验性的特征，还能培养学生主动解决问题的能力。就美术学科“造型·表现”艺术实践的教学而言，以数字化思维为驱动力，借助现代信息技术，通过改变平面造型、立体造型、动态造型和多维造型的表现方法，创建美术学习环境、美术学习手段、美术创作工具等，并有机结合现场讨论、行动学习、课堂学习、探究学习等多种学习方法，引导学生将自身的创意思维与创作手段进行多维度对比，从而更好地开拓视野，激发出新的学习思路，提升学习效率。

二、美术“造型·表现”艺术实践学习材料

笔者对各学段“造型·表现”艺术实践的学习内容进行梳理，整理适用于“造型·表现”艺术实践学习的APP应用。根据3—6年段的学习活动建议，小学3—6年段的“造型·表现”艺术实践学习材料的梳理如下。

水墨画板块学习材料

年级、内容	APP选用	应用场景	图片展示
三《彩墨游戏》	Zen－brush2	教师示范、学生尝试	 
三《大狮子》		教师示范	
三《向齐白石学画蔬果》		教师示范、学生创作	
三《会说话的石头》		学生练习	
三《山外有山》	中华珍宝馆	资料查找	
四《水墨画鱼》	Zen－brush2	教师示范、学生创作	
四《毛茸茸的动物》		学生练习	
四《花鸟小品》		学生练习	
五《指墨画》	中华珍宝馆	资料查找	
五《泼墨山水》		资料查找	
五《江南民居》		资料查找	
五《西湖十景》		资料查找	
六《戏曲人物》	Zen－brush2	学生练习	
六《水墨人物》		学生练习	
六《画家林风眠》	中华珍宝馆	资料查找	

手工创意板块学习材料

手工创意板块	APP选用	应用场景	图片展示
5－1《我驾神舟游太空》	Montessori	学生练习	
5－13《黑白拼贴画》		学生练习	
5－14《彩色拼贴画》		学生练习	
6－15《小小建筑师》		创意尝试	
7－4《家乡的古塔》		创意尝试	
8－17《虫虫大聚会》		创意尝试	
9－17《小盒子大舞台》		创意尝试	
10－5《剪纸人物》	儿童手工剪纸	技能学习	
10－6《剪纸中的故事》		技能学习	
11－5《蔬果造型》	Montessori	学生练习	
12－9《纸塑》		学生练习	

儿童画、版画学习材料

儿童画、版画板块	APP选用	应用场景	图片展示
6－5《生动的表情》	Copper Engrave	创意尝试	
6－6《我们爱劳动》	Copper Engrave	创意尝试	
6－7《爷爷奶奶》	Copper Engrave	创意尝试	
6－8《我家的厨房》	Tayasui Sketches	示范、学生创作	
7－12《给同学画漫画》	Tayasui Sketches	示范、学生创作	
8－7《生长的植物》	Copper Engrave	创意尝试	
8－12《亭子》	Tayasui Sketches	示范、学生创作	
8－13《房间一角》	Tayasui Sketches	示范、学生创作	
8－14《线条的魅力》	Tayasui Sketches	学生创作	
9－2《传统门饰》	Copper Engrave	创意尝试	
9－14《童谣童画》	Tayasui Sketches	学生创作	

续表

儿童画、版画板块	APP选用	应用场景	图片展示
10－3《木版年画》	Copper Engrave	创意尝试	
10－9《弯弯的小路》	Tayasui Sketches	示范、学生创作	
11－13《生活与科幻》	Tayasui Sketches	学生创作	
11－14《窗外的风景》	Tayasui Sketches	学生创作	
12－4《奇妙的新画笔》	Tayasui Sketches	示范、学生创作	

写生板块学习材料

写生创作板块	APP选用	应用场景	图片展示
10－10《植物写生》	Autodesk	示范、学生创作	
10－11《光与影》	Autodesk	示范、学生创作	
10－12《运动鞋写生》	Autodesk	示范、学生创作	
10－13《自行车写生》	Autodesk	示范、学生创作	
10－14《椅子的构成》	Morpholio Board	材料运用	
12－2《用线画人物》	Autodesk	示范、学生创作	

色彩创作板块学习材料

色彩创作板块	APP选用	应用场景	图片展示
8－9《奇妙的点彩》	Sketch Master	示范、尝试创作	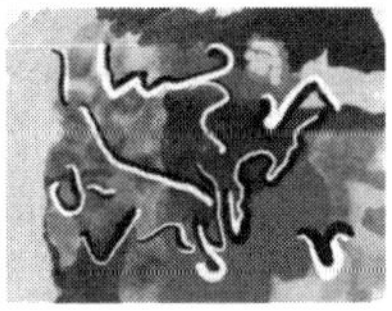
8－10《落日》	Sketch Master	尝试创作	
8－11《夜色》	Sketch Master	尝试创作	
9－15《色彩的世界》	Sketch Master	示范、尝试创作	
9－16《画音乐》	Sketch Master	尝试创作	
12－3《色彩风景》	Sketch Master	示范、尝试创作	
11－6《秋之韵》	Sketch Master	尝试创作	

泥塑造型板块学习材料

泥塑造型板块	APP选用	应用场景	图片展示
5－5《找果子的刺猬》	Pottery	技法练习	
5－6《夸张的脸》	自由雕塑馆	创作练习	
5－7《威武的大将军》	CS	资料查找	
7－2《砖石上的雕刻》	CS	资料查找	
7－3《墙》	CS	资料查找	
8－6《家乡的桥》	CS	资料查找	
9－7《泥娃娃》	自由雕塑馆	创作练习	
9－8《吹吹打打》	自由雕塑馆	创作练习	
11－7《做做陶艺》	Pottery	技法练习	

第二节　美术“造型·表现”艺术实践元认知学习策略

国内研究者倾向于把元认知分为三类：元认知知识、元认知体验和元认知监控。美术“造型·表现”艺术实践的元认知知识是学生通过经验积累起来的、关于认知活动的一般性知识，即对影响认知活动的因素、各因素之间的相互作用以及作用的结果等方面的认识。

借助各类助学APP，尝试改变学生学习的思维模式，通过学习前的优化设计、学习中的实践执行和学习后的成果转化，来促成学生在“造型·表现”艺术实践的元认知学习。

一、学前优化设计：APP软件的选择

（一）对应目标，梳理合适应用

教师根据美术学科的特点，对现有助学APP进行深入研究，寻找、梳理出适合“造型·表现”艺术实践的APP，如下页表所示。教师利用相关功能开展课堂教学，可以有效促进学生在“造型·表现”艺术实践的元认知学习。

适用于“造型·表现”艺术实践相关课例的APP

课型	内容	年级	APP	功能
水墨	水墨画鱼	四年级下	Zen Brush	利用了水墨画笔，学生尝试体验画鱼的背部、鱼鳍、鱼尾的不同用笔方法
线描	线描人物	六年级下	Tayasui Sketches	利用“Tayasui Sketches”的铅笔功能，让学生感受速写人物画的过程
写生	运动鞋写生	五年级下	Sketchbook	利用“Sketchbook”应用的素描功能，让学生尝试体验写生的步骤与方法
陶艺	做做陶艺	六年级上	Let's Create! Pottery	利用应用的拉胚成型的功能，让学生体会陶艺拉胚成型的过程

（二）制订计划，调用相关功能

1. 教学监管功能

借助教学监管应用《课堂》，教师用教师端PAD监控学生端的PAD，也可以随时监管学生端PAD的界面和程序使用情况。该应用中的监控功能不仅能查看学生端PAD上打开了多少应用，而且可以以最快的速度对学生作品进行投屏，让全班一起欣赏某位同学创作的作品并实时分享评价。

2. 资料整理功能

《CS全能扫描王》具有画册记录功能，可以将学生的作品拍照成册，自动生成PDF格式文件，可以打印成一本小册子，也支持刻盘留存，有效避免了单独的一张纸质作品易破易丢的问题。

3. 课外学习功能

当学生不满足课堂上的学习时，教师可以利用《百度云盘》等APP的云存储功能，把微课视频上传到云盘，让学有余力或兴趣浓厚的学生通过云盘分享自行学习，满足不同层次学生的学习需求。

（三）针对环节，适配教学软件

教师还可以根据“造型·表现”艺术实践的特点，从各种绘画APP中不断实践筛选，选择符合不同学习环节的APP应用，如导入环节使用“airolay”、讲授环节用“WPS Office”、讨论环节用“Autodesk”、示范环节用“Tayasui Sketches”、展示评价环节用《CS全能扫描王》、动画展示环节用《定格动画工作室》等。这不仅符合美术课程不同教学环节的要求，而且提高了课堂效率，增加了学生学习的乐趣。

适用“造型·表现”艺术实践课堂教学的部分APP

	课前	资料收集	课堂导入	教学讲解	教师示范	二次修改	展示评价	分享交流
图标								
名称	WPS、WPS云协作	每日故宫、名画百科	Airplay	WPS	Tayasui Sketches	概念画板、Zen Brush	CS全能扫描王	QQ、微信

二、学中实践执行：美术“造型·表现”艺术实践学习执行步骤

（一）循序渐进，学习准备

利用“Airplay”应用的“一投二”投屏功能，即教师PAD和学生PAD可以同时投屏，将教师的“教”和学生的“学”在互联网平台实现互动交流，以便更好地促进学生对“造型·表现”艺术实践的元认知学习。

案例

《会动的画》PAD课堂创作

以六年级下册《会动的画》为课例，我们将这一节课的传统课堂与数字化思维驱动下的课堂进行比较：传统课中，这一节课需要学生提前准备好各种动态图片的资料，然后在课堂上将一张一张手绘图全部画在小本子上，再通过不停地翻页达到“会动”的效果，这需要师生在课前准备很多材料，并且要花上好几节课的时间才能够完成。现在，学生可以通过在相关APP上画动态，先画出第一个动作画面，拍一张照片擦掉部分需要改变的动作的地方，再进行下一个动作的绘制，最后利用APP软件功能自动将它们连接在一起进行播放，“会动的画”就自然地生成了。在数字化思维的驱动下，教师改变了固有的课堂环节，不仅大大提高了课堂效率，还增进了学生的学习兴趣，为学生的元认知学习奠定了基础。

（二）深入浅出，促进学习

“WPS Office”应用具备Word的文档编辑功能和PPT文档演示功能。教师可以在互联网平台上编辑好教案和课件并上传到云文档，学生可以直接在多媒体设备上打开文档，根据自身认知需求进行学习。

案例

《创意小圆点》PAD课堂创作

传统课堂教学设计中，这节课需要很多次的视频学习和视频展示，过程非常的繁杂，需要小组合作多次才能够完成，根本没有办法在一节课内完成。借助互联网平台，教师将课件和视频资料上传到云端。在小组合作中，由学生组长将资料调入PAD进行学习和加工，然后将经小组合作完成的作品上传到云端进行展示交流。这不仅优化了课堂过程，而且真正实现了把学习的重点落在创意设计的环节。

（三）生动形象，自由创作

《概念画板》应用具有强大的功能，它不仅可以模仿各种画材（铅笔、勾线笔、马克笔、水彩等）的绘画效果，还可以记录创作过程，直接形成一个微课视频。学生在使用《概念画板》创作作品的过程中，可以根据创意任意选择工具进行创作，还可以利用图层功能进行再次修改；在创作学习过程中，还可以将老师作画的过程重复播放，进行自主学习。此外，将《概念画板》应用引入课堂教学，便于评价学生作品，相较于传统课堂教学评价环节——将学生作品贴到黑板上展示，这大大提高了课堂展示效率。

案例

《水墨画鱼》PAD课堂创作

四年级下《水墨画鱼》这一节课是传统国画课。在传统课堂中，四年级的学生对造型把握还不准确，往往直接用毛笔在宣纸上画很容易出错，部分学生会犹豫不决不敢下手，部分学生会重复地换纸重画以至于下课时仍无法上交作业。为了解决上述问题，教学中可采用“Zen Brush”的水墨画笔，教师先为学生示范鱼的背部、鱼鳍、鱼尾的画法，再让学生在PAD里先进行模拟练习，在“Zen Brush”应用里不仅可以完全模拟水墨画效果，还可以随时进行修改。这样的练习方式不仅使学生有效掌握了水墨画鱼的方法，还提高了学生的绘画兴趣，增强了学生对水墨画的学习信心。

使用传统国画方法绘画的学生作品

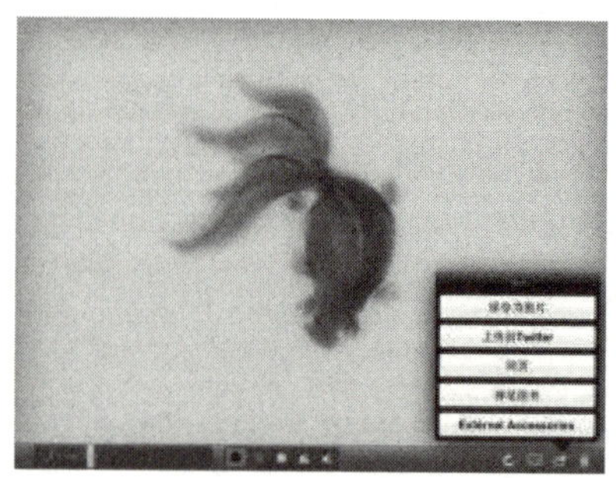

运用“Zen Brush”绘画的水墨鱼

三、学后成果转化：美术“造型·表现”艺术实践学习思维转化

（一）向外学习，“见贤思齐”

借助互联网平台的APP应用，纵向吸收优秀作品的养分，不断提高自己的学习能力。利用APP进行个人或者小组作品的展示交流，也可以将所有作品同时展出，方便全班同学进行有比较的互评、自评，也可以请教师点评。学生对自己的作品进行更高层次的修改，自主将学习到的心得感悟转化为自己的知识技能。

（二）向内转化，“三省吾身”

学生通过互联网平台的各种APP，横向比较，自我监控，提高自身的创作能力。通过APP进行交互式评价，把作品发表在各种社交网站上进行课堂外的评价和分享，可以促进学生再次自主学习美术“造型·表现”艺术实践的知识内容。

实践证明，美术“造型·表现”艺术实践的学习可以影响学生的美术造型基础和审美观的形成，充分借助数字化思维模式的教学和学习方式可以更好地开展美术学习活动，这也是对课程标准中提出的“学生掌握美术知识、技能和思维方式，围绕题材，提炼主题，采用平面、立体或动态等多种表现形式表达思想和情感”的落实。

第三节 美术“造型·表现”艺术实践的学习评价

在互联网时代，美术教学活动中的“评价方式”也应与时俱进，以符合数字美术教学的需要。在遵循美术新课标的评价原则下，开展多维度的评价，注重评价与教学的协调，加强形成性评价和自我评价。在教学中，笔者利用多样的资源开展了教学评价。

一、课内评价

（一）课堂互动，实时评价

学生在课堂上创作的作品，可以及时上传到平台进行交流评价，也可以通过智能终端实时投影的功能进行绘画示范展示，以便全班同学对某学生的创作过程、创作手法及完成的作品进行交流评价。教师也可以通过APP汇总所有学生的作品，组织学生对彼此的作品进行对比评价。学生可以根据作品完成的情况，在线对喜欢的作品进行“点赞”。APP可以自动生

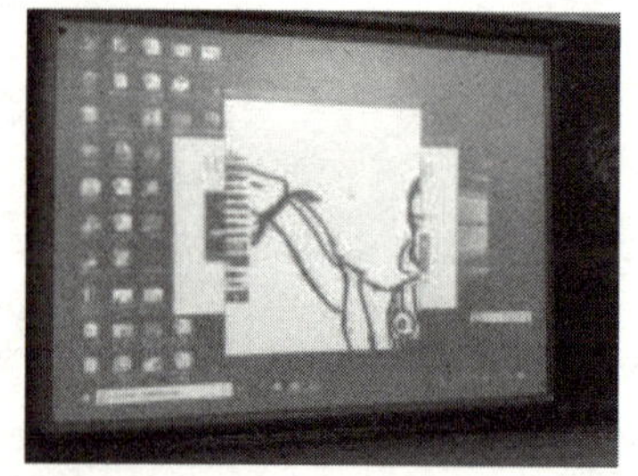

学生创作时的实时投影

成作品的成绩，这既丰富了评价方法，也提高了课堂评价的质量和效率。

2. 作业展示，录播评价

“Tayasui Sketches”的录播功能，既可以录播教师课堂上示范作品的过程，也可以录播学生绘制作品的过程，形成一系列作品微视频，并支持上传到互联网平台以便学生之间进行拓展评价，从而将单一的课堂内评价扩展为课堂内外结合评价。这种评价模式不仅包括学生之间的互评、教师对学生的评价，而且也可以邀请学生家长对学生的作品进行评价等。

3. 作品整理，整体评价

利用《CS全能扫描王》APP对学生作品按时间顺序，集结成册，便于纵向的检查和对比；也可以按类型集结成册，便于同题材同类别的检查和对比。相对传统的纸质化文件，电子文件支持快速便捷查询、统一格式。

学生作业通过《CS全能扫描王》集结成册

二、课后评价

（一）“微信群”交流分享

《微信》APP是大家最常见的安装在智能终端提供即时通信服务的软件，它支持语音短信、视频、图片和文字的交流。我们利用《微信》的

"朋友圈"和"群聊"功能为学生作品的展示交流创建平台。

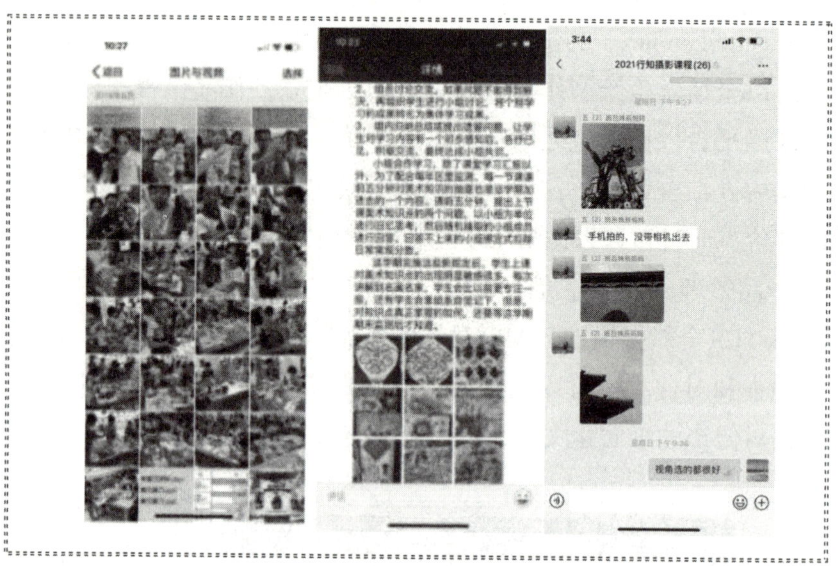

利用《微信》APP的"群聊"和"朋友圈"功能进行展示评价

（二）"班级圈"作业评价

《钉钉》是一款以工作、学习交流为主的互动软件，学生课后的美术创作过程和作品可以上传"班级圈"进行评价交流，不仅可以促进优质资源的共建共享，促进学生的学习和交流，而且可以方便教师指导，提高学生的学习效率。此外，课外的优秀美术作品或者摄影、视频、动画等作品，可以通过《钉钉》软件的"作业本"功能，进行上传分享。教师定期将优秀作品在班级进行点评、展示，促进学生之间更好的交流学习。

《钉钉》APP“班级圈”和“作业本”的评价展示功能

（三）“公众号”才艺展示

在学校公众号平台展示学生创作的优秀美术作品，定期推送主题展示，此外，在公众号开展“云端个人画展”，给学生营造了更好的学习和评价交流的平台，不仅可以鼓励学生不断学习与探究，而且相较于举行实体画展大大减少了人力、物力成本。

学校公众号定期推送的云端个人画展

美术“造型·表现”艺术实践的元认知学习的课堂具有多样性、趣味性和互动性，充分借助APP应用可以很好地服务于学生的元认知学习和教师的学科教学，让学生在创作中体验收获的成就感，激励学生主动、深入地探索美术深度学习更广阔的领域，进而提升自身文化修养和艺术修养，提升审美素养，陶冶艺术情操，也能够帮助学生更好地表现自我、表现生活。

第八章

科学实验的深度学习

第一节　科学实验的数字化研究框架和研究内容

科学实验是科学学习中的核心。科学实验的深度学习是指学生对研究的问题进行一个初步的预设和构想，借助数字实验设备进行实验研究，通过互联网平台，收集大量有关信息，并在数字化平台进行汇总和分析，找到数据规律，从而解决问题。

数字化传感器作为测量和控制仪器，应用在很多领域。我们以STEAM创客空间作为载体，结合数字化思维下数字化实验的建设驱动，创新小学阶段的实验材料，使学生更早地适应新时代，掌握新工具，感受到“科学—技术—社会”是密切联系在一起的。

一、实验深度学习的教学策略

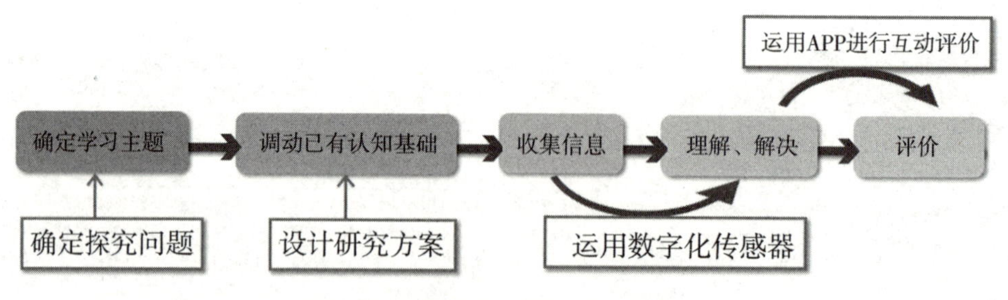

科学实验深度学习的教学策略

（一）确定学习主题

针对课程要求，教师确定探究主题。学生对研究的问题进行初步的预设和构想，明确学习目标。

（二）调动已有认识基础

学生根据探究主题的内容，调动已有的认知，制制订研究方案。

（三）收集相关信息

学生借助数字化传感器进行实验研究，通过互联网平台，收集信息。这些信息可以是数据、相关图片和视频资料。

（四）理解、解决

学生借助数字化平台对数据进行汇总和分析，找到数据规律，分析并解决问题。

（五）评价

借助APP对形成的研究成果进行如献花、点赞等多样化评价。

二、实验内容

以数字化传感器、科学探究实验包为基础，根据教科版小学科学教材，笔者梳理了小学阶段适合使用数字化传感器的课程内容。结合各教学活动目标，各年级的数字化实验板块整理如下。

小学科学数字化实验板块

序号	年级	知识（技能）点名称	知识（技能）点描述
1	三年级下册	水的沸腾	了解水在自然界有液态、固态、气态三种状态

续表

序号	年级	知识（技能）点名称	知识（技能）点描述
2	三年级下册	测量不同杯子的水温变化	知道物体的温度可以用温度计进行测量。对一个物体来说，物体失去热量，温度下降；物体获得热量，温度上升
3	三年级下册	磁铁不同部位的磁力大小	了解磁铁上磁力最强的部分叫磁极，磁铁有两个磁极
4	四年级上册	声音的强度与距离	能够用音高和音量来描述声音
5	四年级上册	看得见的声音	了解声音是由物体的振动产生的
6	四年级上册	身体活动对心率的影响	以容易感受到的身体活动变化为线索，通过耐心、细致地完成心跳次数的测量活动，了解呼吸和循环系统在支持人体活动上的作用与联系
7	四年级上册	空气与人体呼出气体的成分比较	通过空气成分与呼出气体的成分的比较，了解人体需要的氧气从肺吸入后进入血液，再由心脏通过血管输送到身体的各个部位，同时收集二氧化碳等废物，再排出体外
8	四年级下册	水果电池	掌握用传感器检查水果两端电流大小的方法
9	四年级下册	玻璃导电	知道有的物质能够导电，这样的物质叫导体；有的物质不能够导电，这样的物质叫绝缘体。导电性是材料的基本属性之一
10	五年级下册	摆的秘密	经过单摆实验，能推测摆的快慢与摆长的关系，设计并进行实验，得出实验结论

续表

序号	年级	知识（技能）点名称	知识（技能）点描述
11	五年级上册	光的直线传播	通过实验中的现象，有依据地推测光的传播路径，理解光是直线传播的
12	五年级下册	小车运动快慢比较	知道一定的拉力能够使静止的小车运动起来，拉力越大，小车运动得越快
13	五年级下册	摩擦力	了解一个物体在另一个物体表面运动时，接触面上会产生摩擦力
14	五年级下册	热传递	了解热是一种能量的表现，会从温度较高的一端向温度较低的一端传递，从温度高的物体向温度低的物体传递，直到两者温度相同
15	五年级下册	浮力	知道物体在水中都受到浮力的作用，物体浸入水中的体积越大，受到的浮力也越大
16	六年级上册	滑轮	通过研究定滑轮和动滑轮是否省力，认识定滑轮和动滑轮的不同
17	六年级上册	斜面省力	了解斜面能省力
18	六年级上册	杠杆	通过杠杆尺的实验，发现杠杆省力、费力和不省力也不费力的规律
19	五年级上册	放大镜的作用	能正确用放大镜观察物体；能比较肉眼观察和用放大镜观察的不同
20	六年级下册	酸碱度的测量	掌握测量各种生活用水酸碱度的方法，了解饮用水的pH

第二节　科学实验学习路径的升级

一、借助数字实验设备驱动问题解决

学生在学习过程中产生的问题，是激发科学实验的学习动力的基础。教师要关注科学实验板块的主题问题研究和创设。

案例

导问的应用：六上《多种生活用水的酸碱性》教学片段描述

问1：目前市场上的瓶装水，有纯净水、矿物质水、离子水等种类，你知道什么样的水是最合适饮用的吗？现在让我们一起来测量一下身边各种生活用水的pH吧。

问2：每一个家庭每天到菜场买回很多的水果和蔬菜，蔬菜和水果的酸碱性相同吗？我们可以用榨汁机把它们榨成汁，再来研究它们的酸碱性。

问3：妈妈经常跟我们说，不能喝可乐，可乐对牙齿不好。你知道可乐和水果的酸碱性是否相同吗？

案例

导问的应用：四上《水果电池》教学片段描述

出示二极管，提问："这里有电池和导线，请问我手中的发光二极管能够发亮吗？"追问："如果不用电池，我用水果电池代替，它还会发光吗？"根据学生的疑问和兴趣点，教师在投屏台上带领大家制作水果电池，并演示连接过程。发现二极管不发光，请学生猜测可能是什么原因导致的。此时学生踊跃回答，并得出结论："电量太小了！"

基于研究的问题，再选用合适的数字化传感器、元器件和实验探究包进行学习。学生对数字化传感器不太熟悉，我们可以这样子给学生介绍：数字化传感器是一种简单的工具，能帮助我们测量一些数据；数字化数据显示模块可以直接显示数字化传感器的测量结果，它能够通过插入数字化传感器，使读数更加简单方便；计算机中的绘图软件，能够及时记录，及时绘图，高效便捷。

在使用数字化传感器之前，先让学生学会使用数据显示模块，然后将连接线插入电脑与数字化平台连接，从而提升学生对数字化平台的接受情况。在帮助学生理清逻辑关系之后，在课堂中可以采用"演示＋讲解"或"微视频"播放演示的方式介绍不同类别的实验设备，帮助学生掌握元器件的使用方法。

二、采集数据，精准分析

数字化实验设备能够帮助我们及时采集到数据，并且快捷地呈现实验数据，大大提升实验效率。科学实验研究过程中离不开实验数据，学生需要运用表格统计数据，从而透过实验现象更好理解实验背后的科学原理。

但是数据的精准化分析，是小学学生普遍缺乏的重要能力，需要教师加以点拨。

案例

数据采集的应用：五上《热传导》教学片段描述

师问：在热传递的实验研究过程中，酒精灯点燃后将进行热传递。热传递是自然界普遍存在的一种自然现象。你有办法找到热的传递方向吗？怎么证实？

学生设计实验方案并采集实验数据。

根据教材的实验方法，准备同样的实验设备，只不过在检验热传递方向时采用凡士林融化的方式，引导学生观察热在铜、铝、铁三种金属物质中的传递速度。这个传统实验的实验材料需要准备精确，比如凡士林每次取的量应相同，火柴梗插在凡士林中的深度也应一致，而学生要完成这种定性的实验有一定的难度。但是，使用温度传感器插入金属棒中，可以快捷收集温度数据，如下表所示。

	距离火焰最近的A点温度	距离火焰较近的B点温度	距离火焰较远的C点温度	距离火焰最远的D点温度
点火后，第一次测量	40℃	39℃	35℃	30℃
点火后，第二次测量	43℃	41.5℃	39.4℃	36℃
熄火后，第一次测量	43.2℃	42.1℃	39.7℃	36.6℃
熄火后，第二次测量	43.1℃	42.2℃	39.8℃	36.7℃
熄火后，第三次测量	43℃	41℃	38℃	36.6℃
熄火后，第四次测量	42.9℃	40℃	37.4℃	36.5℃

案例

数据分析的范例：怎样使用证据和同伴交流

学生1：实验中火柴梗要从左往右一个个地掉下，如果不是，就证明猜想是错的。

学生2：（感受）发现A端较热，B端较冷。我认为A点要比B点温度高很多。

学生3：（证据）A、B两点温度差异不大，是特别小的温度差。

学生4：能否摆上更多数量的温度计，然后量一量从A点到B点的温度差到底是多少？是微乎其微，还是像有的同学说的有一定差距？

学生5：如果只用一支温度计，结果不准确，所以应该用多支温度计一块测量。

学生6：通过数据，我发现每一次都是A点要比B点高，当酒精灯熄灭，我先读一下A点的数据，43.2℃，43.1℃，43℃，B点是42.1℃，42.2℃，41℃，光从这六个数据中我就能发现，A点已经不受热，温度在慢慢地下降，而B点因为刚才的热量还没有完全传过来，所以它增加了0.1℃，然后慢慢没有热量，又降了1.2℃。

以上教学案例表明，学生借助数字化传感器采集到数据，通过观察数据统计表，对生成的数据进行分析，分析出数据的变化规律；利用数字化传感器聚焦实验的细节，从而有依据地参与到集体论证的过程中来，发现背后的科学道理，有利于加深对科学知识的理解。

数字化实验的研究，需要学生具备熟练的器材使用能力，教师可以投屏出示操作过程，以“导读式”视频的方式设计“学习任务单”，并引导学生认识实验中的器材，学习如何使用这些器材，为今后实验研究的开展打下基础。

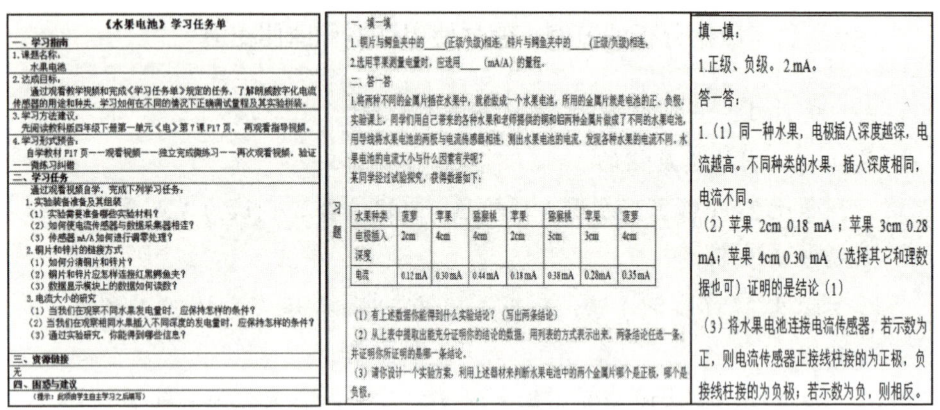

《水果电池》学习任务单

一、学习指南

1. 课题名称：
   水果电池
2. 达成目标：
   通过观看教学视频和完成《学习任务单》规定的任务，了解朗威数字化电流传感器的用途和种类，学习如何在不同的情况下正确调试量程及其实验拼装。
3. 学习方法建议：
   先阅读教科版四年级下册第一单元《电》第7课P17页，再观看指导视频。
4. 学习形式预告：
   自学教材P17页——观看视频——独立完成微练习——再次观看视频，验证——微练习纠错

二、学习任务

通过观看视频自学，完成下列学习任务：

1. 实验装备准备及其组装
   （1）实验需要准备哪些实验材料？
   （2）如何使电流传感器与数据采集器相连？
   （3）传感器mA/A如何进行调零处理？
2. 铜片和锌片的链接方式
   （1）如何分清铜片和锌片？
   （2）铜片和锌片应怎样连接红黑鳄鱼夹？
   （3）数据显示模块上的数据如何读数？
3. 电流大小的研究
   （1）当我们在观察不同水果发电量时，应保持怎样的条件？
   （2）当我们在观察相同水果插入不同深度的发电量时，应保持怎样的条件？
   （3）通过实验研究，你能得到哪些信息？

三、资源链接

无

四、困惑与建议

（提示：此项由学生自主学习之后填写）

习题	答案
一、填一填 1. 铜片与鳄鱼夹中的____(正级/负级)相连，锌片与鳄鱼夹中的____(正级/负级)相连。 2.选用苹果测量电量时，应选用____（mA/A）的量程。 二、答一答 1.将两种不同的金属片插在水果中，就能做成一个水果电池，所用的金属片就是电池的正、负极。实验课上，同学们用自己带来的各种水果和老师提供的铜和铝两种金属片做成了不同的水果电池，用导线将水果电池的两极与电流传感器相连，测出水果电池的电流，发现各种水果的电流不同。水果电池的电流大小与什么因素有关呢？ 某同学经过试验探究，获得数据如下： （数据表见下） （1）有上述数据你能得到什么实验结论？（写出两条结论） （2）从上表中提取出能充分证明你的结论的数据，用列表的方式表示出来。两条结论任选一条，并证明你所证明的是哪一条结论。 （3）请你设计一个实验方案，利用上述器材来判断水果电池中的两个金属片哪个是正极，哪个是负极。	填一填： 1.正级、负级。2.mA。 答一答： 1.（1）同一种水果，电极插入深度越深，电流越高。不同种类的水果，插入深度相同，电流不同。 （2）苹果 2cm 0.18 mA；苹果 3cm 0.28 mA；苹果 4cm 0.30 mA（选择其它和理数据也可）证明的是结论（1） （3）将水果电池连接电流传感器，若示数为正，则电流传感器正接线柱接的为正极，负接线柱接的为负极；若示数为负，则相反。

水果种类	菠萝	苹果	猕猴桃	苹果	猕猴桃	苹果	菠萝
电极插入深度	2cm	4cm	4cm	2cm	3cm	3cm	4cm
电流	0.12 mA	0.30 mA	0.44 mA	0.18 mA	0.38 mA	0.28mA	0.35 mA

《水果电池》学习任务单和微练习及相应的答案

三、做好“家庭实验”

如果教师只是对着书本教，不深入钻研教材，不拓展和挖掘课程内容，那么学生的知识获得和能力发展都将会受到一定程度上的制约。家庭实验是课内实验的一种补充和拓展，可以拓宽学生的视野，提升学生的探究能力。

然而，在家里由于时间、空间、设备、安全问题的诸多限制，家庭实验往往无法顺利进行，而数字化实验仪器能够采集、储存实验数据并根据需求准确测定参数，解决了诸多问题。将科学课程内容与课外实践活动进行有机整合，这样可以让学生从整体上认识自然、社会和科学，从而更清楚地理解科学内容，更好地了解社会、培养综合素质、发展综合能力。

基于六上教材《考察家乡的自然水域》，设定实践探究主题。学生能够利用数字化传感器测定河水pH，储存实验数据并根据需求准确测定水质，完成科学实践活动报告。

案例

《五水共治，从我做起——酵素治理留下河水的初步考察》描述

留下河是留下镇的母亲河，是我心爱的家乡河，我希望它清澈干净，浙江科技学院在留下小和山，于是我选择开展“酵素治理留下河水的初步考察——五水共治”这项科技实践活动。在这个科技实践活动里，我可以在老师、专家的指导下，掌握微生物培养、分离和鉴定以及相关的pH测定、浊度测定，显微镜镜检微生物等操作。在一步步试验过程中，我建立了严格的操作模式，逐步培养正确的科学思维方式，坚定科学和实事求是的探索精神。此外，选择酵素治理留下河水，对于美化家乡的水域，协助五水共治都具有一定的实践和理论意义。

通过实践，我们还发现基于《钉钉》软件的家庭实验室，不仅拓宽了家庭实验的内容，转变了教与学的方式，而且让师生、家长都收获颇多。

通过《钉钉》软件搭建的家庭实验平台，每位学生通过爸爸妈妈的手机输入账号便可登入。每次在开展家庭实验活动时，家长和学生一起合作拍摄实验过程，记录结果，配上“实验名称”“实验过程”“实验记录”和“实验结论”等文字信息上传至《钉钉》软件。该软件会按照上传的先后顺序一直保留在个人主页中，可以积累、记录一些需要学生长时间观察的实验，更能记录下一学期、一学年甚至整个小学阶段科学学习的所有家庭实验的开展情况。例如：三年级的《养蚕》、四年级的《天气日历》、五年级《阳光下的影子》、六年级的《铁钉生锈快慢》《月相观察》等实验，都需要通过不断的观察记录最终才能得出实验的结论或规律。记录实验过程可以帮助学生进行自我回顾和自我反思，也可促进学生后续开展更多的家庭实验，为培养学生科学严谨的探究意识起到很好的作用。

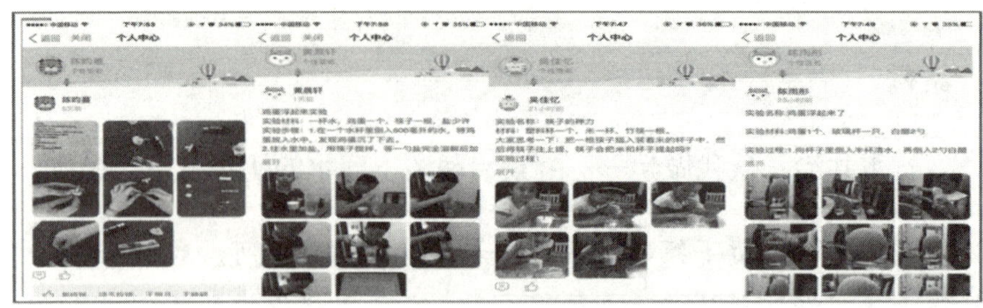

《钉钉》家庭实验个人主页（个人足迹）

个人主页由于其具有私密性，仅限于一定范围内的人员进行沟通和交流。基于此，学校为满足家校沟通的需求，以班级为单位建立班级家庭实验圈。在班级家庭实验圈内，教师发布家庭实验任务、要求和评价标准；学生和家长发布家庭实验内容；全体师生和家长可以参与到班内全体学生分享上传的家庭实验的交流互动当中来。人机对话突破了时间和空间的限制，实现了家庭实验的精彩互动。交互的体验带给学生和家长继续开展家庭实验的动力，从而营造出浓浓的家庭实验氛围，倡导交流互动，在不断的交互过程中发现学生的优点和不足，从而促使学生发扬优点，改正不足，互相学习，共同进步。

对于学生发布典型家庭实验，例如：特别有趣的或富有创意的实验、实验效果很明显的实验以及存在典型错误的实验等，教师要发挥好引导作用。

案例

教科版四年级上册第二单元第五课《溶解的快与慢》描述

在课堂探究之后，学生已经知道物质在水中溶解的快慢与水的温度、溶质颗粒大小、是否搅拌等因素有关。需要一个因素一个因素进行对比研究，需要控制好变量与不变量。只有确保实验的公平性才能得到科学结论。教师给学生布置相应的家庭实验，研究除食盐外其他物质在水中的溶解快慢与什么因素有关，例如白糖、味精、肥皂等。学生通过《钉钉》软件将实验过程上传到班级家庭实验圈后，教师不难发现学生之间的差异：有一些没有控制好变量与不变量；有一些则是精益求精，控制得非常好。

好的做法有：白糖、味精是用家里的电子秤称取的；水量的量取可以通过喝药的量杯等器具。

不合适的做法有：没有同时把白糖或味精放入水中；水量量取不精准；没有同时开始搅拌等。

教师作为引导者，可以及时将这些内容通过《钉钉》软件在班级和年级家庭实验圈中进行说明、提醒和强调，让更多学生避免不合适的做法。

在课内学习的基础之上，通过已掌握的实验方法，在课外借助家长的力量，在学校、课堂里难以全部呈现的实验，在家里得以实现，且每个学生研究的对象、角度、方法都会有所不同，通过共享学习成果，让教学得到拓展和延伸，学生的知识与能力也将不断拓宽和提高。

案例

《观察猪的内脏》描述

教授《食物在体内的旅行》之后，为了让学生对胃、大肠、小肠等消化器官有一个直观的了解，加深对各个消化器官作用的认识，布置了一项家庭作业：观察猪的一个消化器官，并将观察到的能体现该器官作用的细节上传至《钉钉》家庭实验平台。家庭实验的任务一经《钉钉》发布，家长们便去菜场购买了猪的消化器官，有胃、大肠、小肠等。家长和学生共同参与到消化器官的观察中、量一量拉直的大肠、小肠有多长；画一画胃的形状；把食物放进胃里，进行揉捏后观察食糜；把胃、小肠、大肠用剪刀剪开，观察内部的样子；等等。大家一边观察一边用纸笔和手机记录，最后上传至《钉钉》家庭实验平台。

第三节　优化学习评价

现代教学评价强调运用多种评价方式，注重评价主体的多元与互动，突出科学课程评价的全面性和科学性。要根据不同年龄学生的学习特点，按照不同类别实验的目标和要求，采取丰富有效的评价。所以，优化评价可以从“评价主体”和“评价方式”着手。针对家庭实验的自主探究实践，应结合《钉钉》软件特有的互动功能和便捷优势，从以下几个方面开展评价设计与实践。

一、多维评价

教师、学生、家长构成了评价的不同主体，他们的知识水平、生活经验、个人喜好不同，看问题的角度和方式也不同，重视多维度评价，评价主体更全面，评价也更客观。

（一）学生评价

学生是学习的主体，开展家庭实验本身是学习，对自己及他人的家庭实验活动进行自评和互评也是学习。在学生实验活动开展过程中，借助《钉钉》软件，在“家庭实验”圈中发挥主观能动性，积极参与评价。

自我评价是对自己的一次反思，也是对自我要求的一次衡量。为了帮助学生不断地提高科学实验的设计能力、动手能力、严谨程度等，我们鼓励学生借助《钉钉》软件，在“家庭实验”圈中进行自我评价，进行自我肯定和自我改进。学生为了能收获“实验小达人”“点赞王”等称号，会积极给自己点赞、点评。

学生往往对自己的评价比较主观，也很难发现自身的优点和不足，为了让每一个个体都能清楚地认识到自己所做的家庭实验活动中存在的优点与不足，需要鼓励学生进行相互评价。小学是养成实验习惯和习得实验技能的关键时期，在“班级家庭实验”圈和“年级家庭实验”圈中对其他同学的家庭实验进行点赞、点评，肯定他人的同时也是在向优秀者学习，指出他人不足的同时也是自我提高的过程。

（二）家长评价

家庭实验由于不在学校和课堂内进行，需要家长配合孩子在家进行实验探究。家长的参与对家庭实验的成效起着至关重要的作用。除了实验过程中的配合，家长的激励性评价和合理评价，是家庭实验顺利开展的重要保障。

很多家长认为孩子自己动手做实验就行了，自己并不重视也很少参与。为了帮助家长树立正确的观念，我们鼓励家长参与家庭实验，明确家庭实验需要家长的鼓励、引导和帮助；创设家校配合的积极氛围。对于那些积极参与评价，评价细致到位的家长，教师通过各种途径公开表扬和感谢，从而促进、带动更多的家长参与到家庭实验的评价中来。

由于大多数家长并不清楚每个家庭实验的要求和标准，也没有与之对比的家庭实验，更没接受过专门的实验教学培训，所以大部分家长难以对孩子的家庭实验进行评价。利用《钉钉》软件的家庭实验平台，教师上传实验评价的指标，为家长提供标准；科学专业知识强的家长，发挥其长处进行专业评价。这样，从一个家长评价变成一群家长评价，由不知从何下手到取长补短，家长们的评价变得越来越有针对性，同时也减轻了每一位家长的指导负担。

（三）教师评价

教师的评价对学生后续家庭实验的改进和开展具有指导意义，有利于学生的可持续发展。教师的激励性语言和建设性指导意见，可以帮助学生获得自信，增强动力，提高学生的学习主动性。

教师的一言一行都影响着学生，对于学生提交上传到《钉钉》软件上的“家庭实验”中的作业，教师在反馈和评价时应该给予更多的肯定、鼓励，提高学生在课外多开展家庭实验的热情。

学生之间必然是存在差异的，教师的评价也要充分体现差异，更多关注每一位学生个体的进步和发展。教师评价学生的家庭实验，应从学生的实际能力和态度出发，因材施教，从而帮助优秀的学生变得更加优秀，帮助后进的学生变得积极上进，充分激发不同学生的科学实验潜能。

任何实验都要基于科学、严谨、正确的实验过程才能获得准确的实验结论。当学生在家庭实验活动中使用了不科学、不严谨、不正确的实验方法时，教师要及时引导评价，发挥评价的导向作用，指出其不妥之处，提出可操作性强的意见和建议，促进学生改正错误并取得进步。

二、多样评价

（一）线上评价

在《钉钉》软件上建立的“家庭实验”平台，可以帮助教师、学生和家长打破时空的限制进行实时点赞和评价，并第一时间获知评价情况。

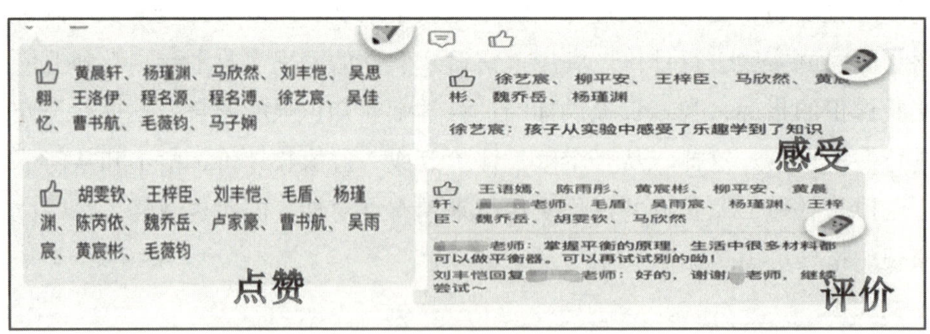

师生及家长参与线上科学家庭实验点赞点评

（二）线下评价

除在线上进行家庭实验的实时评价之外，教师还将对照上传在平台上的实验过程和结果，结合学校编印配套使用的《儿童核心素养手册》和《儿童综合报告手册》，按标准进行线下量化评价，以评促学，以评定教。

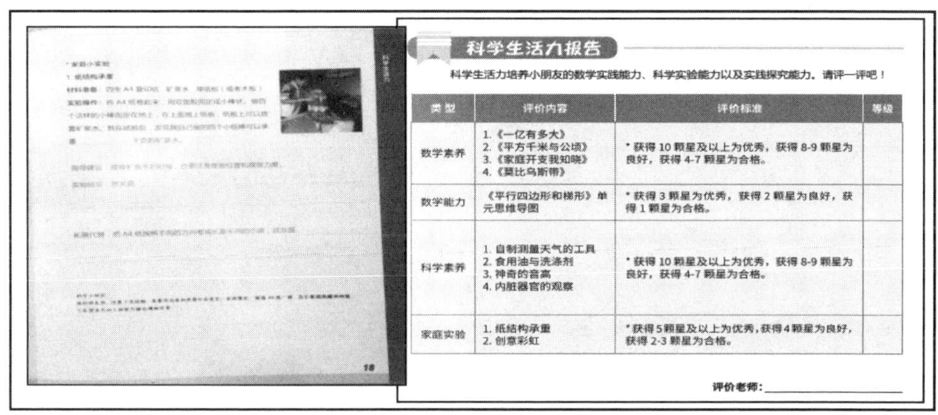

科学生活力报告

科学生活力培养小朋友的数学实践能力、科学实验能力以及实践探究能力。请评一评吧！

类型	评价内容	评价标准	等级
数学素养	1.《一亿有多大》 2.《平方千米与公顷》 3.《家庭开支我知晓》 4.《莫比乌斯带》	* 获得 10 颗星及以上为优秀，获得 8-9 颗星为良好，获得 4-7 颗星为合格。	
数学能力	《平行四边形和梯形》单元思维导图	* 获得 3 颗星为优秀，获得 2 颗星为良好，获得 1 颗星为合格。	
科学素养	1. 自制测量天气的工具 2. 食用油与洗涤剂 3. 神奇的音高 4. 内脏器官的观察	* 获得 10 颗星及以上为优秀，获得 8-9 颗星为良好，获得 4-7 颗星为合格。	
家庭实验	1. 纸结构承重 2. 创意彩虹	* 获得 5 颗星及以上为优秀，获得 4 颗星为良好，获得 2-3 颗星为合格。	

评价老师：________

线下评价配套《儿童核心素养手册》和《儿童综合报告手册》

根据"家庭实验"平台中点赞数的排名，评选出班级优秀家庭实验，在学校的科学实验游园活动中进行现场展示，学生可在全校各年级、各班进行游园，参与体验不同的家庭实验，投票选出心目中的优秀家庭实验活动。最终获得票多的同学将获得"优秀科学家庭实验达人"称号。

实验游园评选"优秀科学家庭实验达人"

第九章

智慧学习空间的建构

第一节　智慧学习空间

学习可以发生在任意场所，任何学习活动发生的场所都可称为学习空间。学习空间是教与学发生的载体与支撑。“数字化思维＋学习”的系统变革需要智慧学习空间的支撑，学习空间的重构势在必行。

一、智慧学习空间的内涵

智慧学习空间是以数据为驱动，进而感知学习场景、识别学习者特征、提供合适的学习资源与便利的互动工具，同时整合、提取、分析、评测有意义的学习行为数据，使每个学习个体都能获得支持与服务学习的学习空间。

智慧学习空间是智慧学习环境的实体呈现，是数字学习空间的高端形态，旨在建构“人人皆学、处处能学、时时可学”的学习环境。它借助移动技术、物联网、沉浸式技术、人工智能等技术，允许学习者通过设备获取随时、随地、按需学习的机会，联通了教室空间、虚拟空间和社会空间。

智慧教室、智慧实验室、智慧校园等智慧学习空间的探索，都是学习空间形态创新与重构的有益尝试。与传统学习空间相比，智慧学习空间一般具有位置感知、情境感知、社会感知、互操作性、无缝连接、全程记录、自然交互、深度参与等功能特征。

二、智慧学习空间的价值探求

（一）重构学习环境的泛在化

智慧学习空间增加了虚拟空间与传统物理空间的可调节弹性，加强了空间灵活性，为教师和学生创建了全新的体验环境。智慧教室、智慧实验室、创客空间等学习空间，为学习的智能化、创新化和个性化提供了环境基础。智慧学习空间突出学习者的主体地位，提供实时、协作、开放的智能学习环境以及灵活适用的学习资源、学习方式和助学工具，努力打造支持泛在学习、自由探究、知识建构、交流协作的无缝学习环境。

（二）促进学习活动的智能化

智慧学习空间在“互联网＋”、大数据等智能技术和工具的支持下，通过对教育教学全过程进行智能数据分析、智能评价、智能推送与匹配、智能管理与服务，能为学习者安排最适合的学习路径、学习资源及工具，为个性化学习活动的开展提供精准化的教育安排、科学管理和智能服务，为教师实施分层教学和学习者开展自主、合作、探究性学习活动提供依据和引导。

（三）服务教育资源的体系化

智能技术的发展为智慧学习空间的实施提供了技术支撑，将从资源存储形式、进化过程、结构化体系构建这三方面推进资源进化机制的运行，为智慧学习空间的资源管理、资源服务、个性化推荐提供保障，不断促进资源的迭代、优化与升级，缩减教育鸿沟，促进优质教育资源应用价值的最大化，推进教育公平。

（四）支持动态学习的精准化

智慧学习空间环境下的学习路径强调以学习者为中心，依据学习者在学习资源选择、活动类型组织的不同偏好，为其提供满足自身学习需求和学习兴趣的资源和活动，由学习者自定步调进行掌控，开展个性化深度学习。当学习者自身或者外部学习环境发生改变时，学习者的学习路径都会随之改变。因为智慧学习空间能够依据这种变化对学习路径做出动态调整，实时收集、分析学习者在教学活动中的海量数据信息，全程监测并记录学习者的学习轨迹，及时进行风险预警与干预，根据学生的学习结果生成数据分析报告，针对薄弱点匹配个性化资源，以支持学习者开展个性化的精准学习。

三、智慧学习空间的构建原则

（一）整体性原则

智慧学习空间的构建目标是促进学习者的学习和提升学习者的个人能力，这就需要学习空间各个组成部分围绕该目标形成一个有机的整体系统。智慧学习空间的构建涉及信息传输系统、智慧大脑系统以及学习支持系统。学习者在不同场所学习时，智慧学习空间要能够快速协调系统的各个组成部分，为学习者的实践操作、协作互动、观察反思等学习活动提供支持。因此，智慧学习空间的构建应当从实现个性化、智能化的功能特点出发，对各个部分进行系统化的整体设计。

（二）智能性原则

数据信息处理是智慧学习空间的关键功能，关系到学习活动的顺利开展。数据信息处理的关键是要能够对学生课堂学习的实时状态进行获取，并对其可能出现的状态进行预测，为学生的学习活动提供智能化的支持。在学习空间构建时需要充分考虑学生的个性化学习和探究性学习需求，并以此为目标实现学习空间运行的智能化，帮助师生实时分析学习行为和学习绩效，为设计和完善学习活动提供依据，实现对教学活动的有效支撑。

（三）探索性原则

布鲁姆的认知领域教育目标分类指出，分析、综合和评价是高阶教育目标。基于智慧学习空间的教与学的活动需要，为学习者的探究性学习等目标的实现提供支持，包括提供各种资源、工具和信息反馈支持等，让智慧学习空间能够支持学习者在近乎真实的虚拟环境中进行层级探索。

（四）融合性原则

智慧学习空间需要为多元化的学习活动提供支持，因此其构建时应当在教学功能扩展、教学模式支撑以及平台设备兼容等方面遵循融合性原则。在学习方式多样化的时代，智慧学习空间需要提供可灵活组合的教学功能模块，以满足教师和学习者个性化的教与学需求。构建适合个性化学习、跨学科协作学习的学习空间是未来的必然趋势，这就需要智慧学习空间能够提供灵活的功能接口，实现与其他学习空间和工具的连接与融合。

第二节　“一对多”智慧学习空间

一、“一对多”智慧学习空间的理念

“一对多”智慧学习空间就是在合作式学习的基础上，让学生能以数字和虚拟方式进行以体验为目的的学习空间。以学生学习需求为导向，基于动态学习数据分析与“云、网、端”运用的智慧课堂，“一对多”智慧学习空间呈现出学习数据动态化、学习决策数据化、评价反馈即时化的原则特征。学习数据动态化原则是指提供动态学习数据分析和收集的智慧环境，并实时统计海量的学习数据分析。学习决策数据化原则是基于动态学习数据分析，依靠精准地掌握学情和调整学习策略，在课堂教学中实现基于数据的学习。评价反馈即时化原则是指采取动态伴随式学习评价，即课前预习测评和反馈、课堂实时检测评价和即时反馈、课后作业评价和跟踪反馈，实现即时评价信息反馈贯穿全过程的学习评价。

二、“一对多”智慧学习空间的系统架构

“一对多”智慧学习空间是基于云服务、多终端、全动态的系统框架，它重新定义了课堂学习的应用解决方案，实现了普通教室内多种终端设备的无缝连接和智能化运用，进而改变学习结构，实现教与学的变革。

"一对多"智慧学习空间系统架构图

（一）微云服务器

在教室内构建以教室为单元的无线网络环境，负责智慧学习数据的运算、存储、网络收发等。微云服务器用于实现构建无线局域网、跨平台多屏互动、上传数据和本地化存储、动态数据统计与分析等一系列功能。

（二）教师智能终端

为教师提供集"教、学、评、导、管"于一体的应用工具。

（三）学生智能终端

为学生提供学习工具、交互工具、作业与动态评价工具等各种学习应用。

（四）智慧云平台

智慧云平台的主要功能是将师生在教学过程中产生的数字化内容通过平台提供的空间及资源管理系统，实现内容的"收、存、管、用"。

（五）动态评价与学习系统

以课堂为中心，全程记录师生、生生互动过程，并由此形成学生学习

“一对多”学习环境

全过程的动态评测数据，为学生的个性化学习提供方案。

“一对多”智慧学习空间超越时空限制，实现更为开放的教与学活动，从以往单一、封闭的传统课堂教学走向多元、开放的智慧学习，增强学生学习的独立性与自主性，为鼓励学生自主学习、发表见解、激发潜能提供了有利条件。同时，促进师生、生生之间的沟通，使交流变得更加立体化、即时化，大大提高课堂的互动效果和学习效率。

三、软硬件环境

软硬件环境由微云终端及软件套装、教师移动教学终端及软件套装、儿童移动学习终端及软件套装、课堂云平台以及全过程动态评价与教学系统等组成，各组成部分的功能设计如下表所示。

模块	功能设计
微云服务器	一、硬件要求 1. CPU：双核处理器，主频≥3.2GHz 2. 运行内存≥3G DDR3 3. 图形处理器：HD4400及以上 4. 存储容量≥64GB SSD 二、功能描述 1. 借助第三方Miracast或AirPlay等投屏器设备或软件，实现主流的安卓设备、ios设备跨平台投射；支持板书书写、白板讲解、图片批注、实物投影等教学内容的同步投屏 2. 支持投屏自愈功能。例如，因为网络故障导致的投屏问题，在网络恢复后能自动恢复投屏 3. 支持投屏的清晰度、同屏方式（拉伸、平铺）、声音播放（支持音响和平板的播放切换）设置调整，实现教师教学内容全屏幕的展现，屏蔽教学无关内容 4. 支持以教室为单元的高密度无线环境快速部署，兼容有线网络、无线网络；支持多个教室的无线网络的集中管理功能5. 支持多个无线SSID（网络名称）、信道的自定义，支持安全密码管理，支持网络带宽、加密和移动设备MAC地址的绑定等 6. 实现教室内多个用户终端无线接入，实现200KB大小的文件在60个以上用户同时批量下载或批量上传时，时间不超过3秒，丢包率不超过3%；支持管控教室网络的互联网接入与流量控制 7. 支持教室在无网的情况下，正常教学活动不受影响，包括PPT动画和视频的正常播放、任意书写、白板讲解、图片批注、实物投影、微课录制等，保证无线投屏正常应用 8. 支持教学过程数据的储存、定期清理、联网上传

续表

模块	功能设计
教师智能终端	一、硬件要求 1. CPU：四核心CPU，主频≥1.7GHz 2. 手写笔：支持2048级压感手写笔，响应速度25ms，支持原笔迹手写 3. 安全机制：为有效保护教师教学数据（例如学生成绩、学生信息等）和教师个人资料安全及隐私，设备须符合人脸识别+声纹组合的设备安全管理 二、功能描述 1. 支持教师从个人网盘、网络下载、本地资源、U盘等途径快速引用教学资源；支持语音方式快速搜索云平台、互联网中的资源，支持资源在线打开、批注、课堂讲解；支持教学资源预览、拖拉至数字教材的对应位置 2. 支持教师下载电子教材及配套的媒体资源；支持配套教学资源的一键下载并实现其与教材知识点的自动关联，内置于电子教材中对应知识点的位置，电子教材中的配套资源支持导出下载、分享给学生、收藏到个人网盘、删除等操作。语文、英语、音乐等语言类学科的电子教材支持字词、语句、段落和全文的点读，且在朗读的过程中可随意暂停和重播，朗读语音效果流畅且自然 3. 支持PPT、Word等文档的无损播放（播放时保留PPT的各种动画特效且文字、图片不错位），PPT在使用画笔状态时能点击放大或缩小；能保存PPT标注的笔迹内容；支持智能课件（翻翻卡、连线、时间轴）教学 4. 支持白板教学。支持白板放大、缩小、多向扩展、自由批注、擦除等功能；支持笔迹保存功能；支持在白板上添加田字格、量角器、直尺等学科工具；支持将白板内容一键分享给学生 5. 支持学生作业、试卷等拍照讲评功能；支持现场拍照和从图库调取图片讲解；支持图片旋转、图片智能增强处理等功能；支持4张图片同屏展现，且支持无限扩展，支持对展现内容原笔迹手写批注功能；支持拍照时自动断开教师端投屏，避免干扰学生注意力 6. 支持实物展台功能，教师移动终端拍摄学科实验、答题过程、小组讨论等实时视频可进行投屏显示；支持视频保存并分享给班级学生

续表

模块	功能设计
教师智能终端	7. 中英文评测：支持课堂内中英文发音评测、模仿朗读、情景对话等功能并即时反馈评测结果 8. 课堂讲解助手：提供画笔、白板、快照、聚焦、放大、批注、板擦等基础教学工具 9. 支持进行提问、投票、讨论、抢答、随机作答等方式的课堂互动活动；支持教师课前准备互动内容，存入草稿箱，课堂快速调取；互动题型支持客观题（单选、多选、判断）、主观题（填空、简答、论述与投票）；支持学生查看互动结果 10. 支持教师即时查看学生互动结果，并对结果进行数据分析，生成平均分、单选项正确率、正确及错误学生的具体名单、分析饼状图（满分、优秀、良好、及格、不及格等）等；支持教师在报告界面直接对优秀学生进行表扬；支持互动报告的本地存储、云端存储 11. 支持分组教学；支持根据小组表现进行累计积分，营造良性竞争的课堂氛围 12. 课件分享：支持教师随时将教师端中的电子课本、PPT、白板、第三方应用等内容分享至学生端；支持学生收藏教师分享的内容，并添加备注、笔记内容 13. 支持教师将课件、作业、图片等类型文件同屏至学生端；支持学生端同屏内容放大、缩小、批注、自由回看；支持教师授权学生进行讲解，并将学生屏幕同步投射至大屏幕 14. 支持一键调取课后作业、考试报告进行讲评；支持教师查看班级全体、学生个体每题的答题情况，同时支持典型答题进行展示、分享、多个学生的同屏对比讲评 15. 支持微课的上传与推送功能，教师录制微课后可一键分享至班级微课圈、校本资源库等

续表

模块	功能设计
学生移动学习终端及软件套装	一、硬件要求 1. CPU：八核心CPU，主频1.0GHz 2. 运行内存≥3GB LPDDR3 3. 存储容量≥32GB，支持Micro SD（TF）卡扩展 4. 屏幕尺寸≥10.1英寸IPS电容式触摸屏，屏幕分辨率≥1920*1080 5. 操作系统：Android 7.0及以上 6. 摄像头：双摄像头，前置≥800万，后置≥800万 7. 功能支持：支持Wi-Fi功能，支持蓝牙4.2，内置麦克风 8. 安全机制：为有效保护学生学习数据（例如学生成绩、学生信息等）和个人资料安全及隐私，设备须支持人脸识别+声纹组合的设备安全管理机制 二、功能描述 1. 支持学生按学科分类收藏教师分享的课件形成课堂笔记；支持自由添加备注 2. 支持学生在线学习各种课程、微课、导学案、试卷讲解等内容；支持离线下载功能，方便学生进行离线学习；支持微课的评价、讨论、关注、推荐与分享等功能 3. 支持学生下载电子教材，其中语文、英语、音乐等语言类学科电子教材中的字词、语句、段落和全文具备点读功能 4. 支持学生通过学生移动学习终端完成教师下发的随堂测试题目；支持勾选、拍照、平板作答等方式提交答案，提交后即时生成统计分析报告；支持收藏习题或教师分享的内容 5. 支持接收教师发送的课件、作业、图片等类型文件等 6. 支持学生端微课录制，支持学生录制微课后分享至“班级圈”等线上社区 7. 支持在“班级圈”接收教师发送的通知和布置的任务，以及展示优秀作品、参与话题讨论等操作。为确保家校联系通畅，在规定时间内未查看通知的，支持自动向家长发送短信进行告知

续表

模块	功能设计
学生移动学习终端及软件套装	8. 支持以学校为单位的网址白名单、应用白名单管理；支持设备功能管控服务（包括蓝牙开关、WLAN开关、摄像头等） 9. 支持课堂上教师实时监管学生的在线状态，并控制学生的操作，包括锁定学生端的电源键、HOME键、返回键等；支持包括系统输入法在内的所有应用程序屏蔽游戏、广告、推销等不良应用或入口
智慧云平台	1. 支持专题网络学习门户，提供包括资源管理、微课学习、作业管理和个人网络教学空间等服务 2. 资源标准体系：系统建设符合基础教育教学资源元数据规范（CELTS-42）和中央电教馆教学资源数据规范 3. 资源收存管用：支持课件、图片、微课等文件的存储、管理、共享、检索、上传、下载等功能；支持语音搜索教学资源 4. 资源应用：支持Txt、Word、Excel、PowerPoint、jpg、bmp、mp4等格式的教学资源的在线预览和在线编辑功能；支持二维码扫描读取；支持教师分享教学资源给班级学生 5. 资源评价：支持资源在线评论、留言、笔记、评星和点赞等功能；支持资源查看次数的数量统计 6. 资源安全管理：支持对互联网文本及音视频的不良信息内容进行安全监控；支持筛选、屏蔽含有不良信息或内容的资源文件；支持对学生的空间动态、评论进行敏感词过滤 7. 支持微课在线预览、学习功能；支持预览时同步记录学习心得；支持按学科教材知识点、习题、试卷等类型标注；支持在系统库中以“按课索课”“按题索课”等标签快速查询需要的微课；支持微课的留言、笔记、评星和点赞等功能；支持微课查看次数的数量统计 8. 教师教学空间：支持教师网络教学、资源的存储与推送、学习管理等功能；支持个人资源库、作业、网络课程、微课、班级管理等应用

续表

模块	功能设计
智慧云平台	9. 学生学习空间：支持学生利用网络学习空间进行预习、作业自测、拓展阅读、选学网络课程等学习活动；支持对学生的日常学习行为数据的采集与分析 10. 支持教师、学生、班级等用户账号及基本信息的批量导入和手动添加；支持多个教学应用系统的数据交换与共享；支持统一身份认证，支持与数字化校园平台或学校网站集成为统一的登录入口 11. 支持自定义名称建立班级（包括行政班、教学班、临时班级）并发布班级信息；支持对学生信息进行管理，包括重置密码、编辑信息、移出本班等操作；支持模板一键导入学生信息
动态评价与学习系统	1. 支持在Web、iOS、Android等客户端布置作业、批改作业、查阅批改详情等 2. 习题和试题支持按教材章节、知识点、题型、难度等多种纬度的组合进行快速的选择和收藏，支持习题、试题的编辑、保存和添加，记录历史出题数据；习题和试题支持自动匹配对应的正确答案和试题解析，便于教师作业批改和题目讲解 3. 支持测评中文朗读作业，根据完整度、流畅度、声韵分、声调分等维度查看分项实时评测得分，并按照声母发音、韵母发音、声调发音提供分项实时分析报告 4. 支持测评英文朗读作业，教师可以通过智能终端语音布置任务，系统自动转化为英文文本，学生回答时提交语音录音，实现口语练习的自动评测；朗读内容的来源支持自由编辑、指定教材等方式，支持根据完整度、流畅度、标准度、准确度查看分项实时评测得分，支持查看单句的实时评测得分 5. 作业布置支持即时、定时发布或保存至草稿箱，提供待发送、已发送等文件夹存储管理。支持作业再次布置和分享；支持按照指定学生、分组、分班、多个班的作业定向布置；支持作业发布时间、最迟提交时间的自定义设置；支持答题卡向导式快速设置功能，提供题型、题数、批量赋分、单题赋分等功能

续表

模块	功能设计
动态评价与学习系统	6. 支持跨终端跨平台完成作业，客观题通过答题卡完成提交，主观题通过拍照上传提交，提供亮度、对比度等效果增强处理功能，提高主观题答卷的清晰度 7. 支持客观题、朗读题的自动批改；支持主观题手写批改，支持手写给分、扣分、数字键盘赋分；支持学生参与作业批改，提供学生自批、学生互批、小组互批、组长批改、教师批改等模式 8. 支持“按题批改”和“按人批改”方式；支持教师在学生提交的作业上直接录制讲解微课并推送给指定的学生；支持未批改作业批量下载，若离线批改，则在网络恢复后自动同步批改数据；支持对学生主观题的语音点评和备注，支持典型作业的收藏、推荐、分享等；支持不合格作业的多次订正、退回等操作 9. 支持教师即时查看学生的作业完成情况，完成质量动态统计与显示，并对结果进行数据分析，包括总人数、参与数、平均分、单题正确率、答题正确及错误的学生名单，提供质量分析饼状图（含满分、优秀、良好、及格、不及格等评定项目） 10. 支持英语作业“智批改”，在学生上传英语作文图片后，系统能自动识别转化为文字，对文本内容进行打分、评测 11. 支持按照学科自动汇聚错题，可对错题进行标注错误原因、添加正确答案；支持收集其他来源错题并增加备注，对错题集进行管理；支持将学生的错题集导出为PDF文件 12. 支持学生在收到教师批改结果后即时提问；支持教师使用学生作业原题录制针对性微课；支持全部或部分微课内容的定向推送，及其观看效果、点播次数、评价留言等结果的反馈 13. 支持教师在线接受学生申请的辅导要求；支持教师在学生作业上批注和同步语音讲解；支持讲解内容录制成微课 14. 为师生提供学习虚拟社区，支持社区帖子快速搜索功能；支持家长通过微信关注孩子作业情况

第三节 “多对多”智慧学习空间

一、“多对多”智慧学习空间的基本理念

“多对多”智慧学习空间的基本理念就是在专业性学习空间里以对等的方式开展分享协作式的学习，让拥有不同背景、观点、经历和最近发展区的学生能够彼此分享想法，形成多样化的观点。

“多对多”智慧学习空间的建构应突出交流立体、推送智能的特点。交流互动立体化是重构课堂内外交流互动模式，让教师与学生之间、学生与学生之间的交流与互动方式更加立体化。无论是课前、课中或课后，通过“云+端”的无缝对接，实现人际间无障碍的交流互动，启发儿童的创新思维，培养儿童学习的主体意识。基于大数据分析与全过程动态评价，构建学生个人知识能力图谱，实现资源推送智能化即教师根据学生的知识能力差异与个性化学习特点，智能推送（包括自动推送、自主订阅等方式）相关学习资料或者分层作业，满足学生个性化的学习需求，实现符合学生个性化成长规律的智慧发展。

二、“多对多”智慧学习空间的系统框架

根据学习环境的建构，“多对多”智慧学习空间主要归纳为三种方式，即数字化实验学习空间、智适应学习空间以及数字绘画学习空间。

（一）数字化实验学习空间

数字化实验学习空间主要由五个板块的内容组成，即专业教室空间、数据采集器、传感器、数据处理终端（教师、学生）以及智慧软件。在配备过程中，设备和软件的配备与开发应遵循师生共同操作、携带简单方便的原则，旨在扩大学生学习和探究活动的范围，提高实验兴趣。

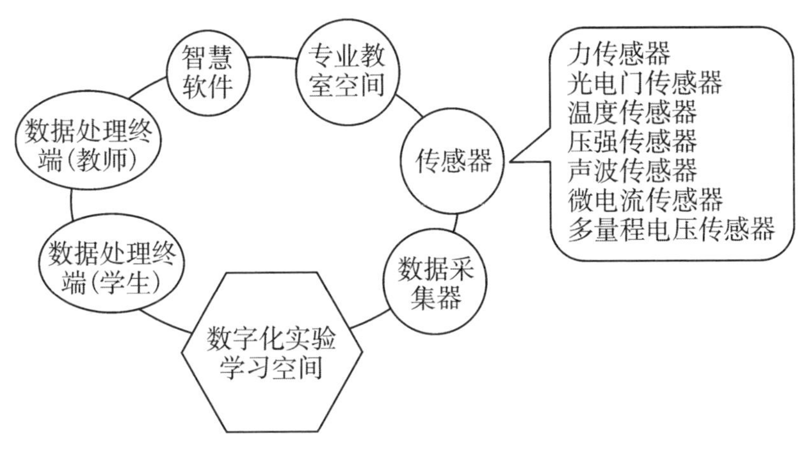

数字化实验学习空间系统架构图

（二）语言自适应学习空间

语言自适应学习空间可以作为英语自适应学习室，又可作为智能化的语言教学室。语言自适应学习空间配备小学资源库管理系统，主要由六大系统要素组成，即英语专业教室、模块化服务器、学生云终端、教师云终端、智能互动学习系统和虚拟助教等。

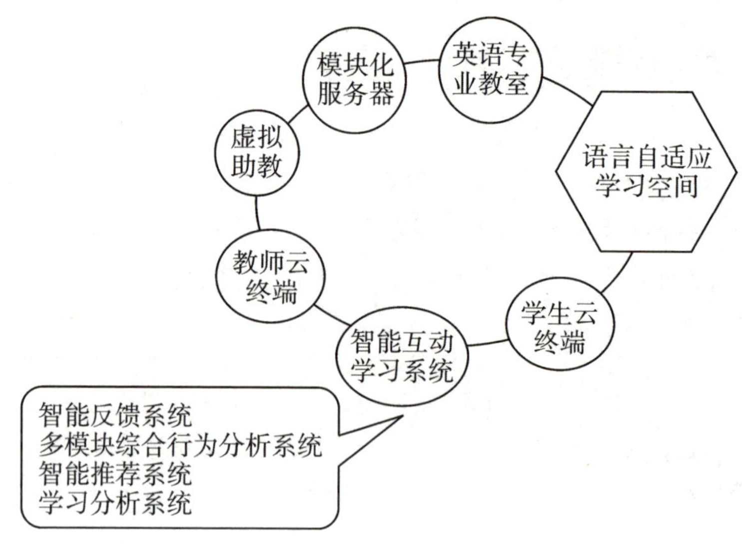

语言自适应学习空间系统架构图

（三）数字绘画学习空间

数字绘画学习空间可以作为数字绘画美术教学教室，主要由美术专业教室空间、数字美术管理软件、数位屏、Mini 主机、服务器等组成。

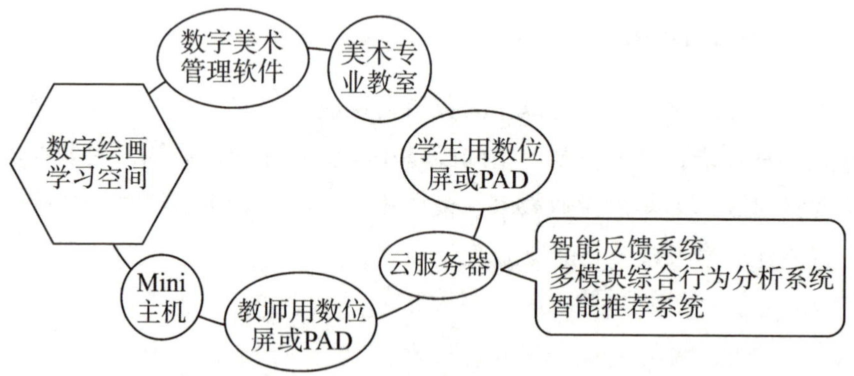

数字绘画学习空间系统架构图

三、软硬件环境

（一）数字化实验学习空间

数字化实验学习空间在具体配置上，严格遵循小学科学课程标准的要求，以“学生的生活经验”为线索，配置了包括“力学”“热学”“声学”“光学”“电学”“磁学”“图像”“化学”“生命科学”在内的九个探索包，并准备不少于30个专用软件所支持的实验。数字化实验学习空间为学生创造了充分的科学探究机会，力求以贴近学生生活实际的基础性科学活动作为学生的探究主题。数字化信息系统实验室有助于学生完成丰富多彩的探究活动。

数字化实验学习空间

学生端公共包的配置内容

名称	说明
数据采集器	USB2.0通信协议，四通道并行采集，全数字通道，单通道最大采样率20KB，总体最大采样率80KB；USB接口供电，无需外接电源
有线接口	采用连线方式接入四种相同或不同的传感器并支持四通道并行采集，全数字通道，采用BT自锁接口，与数据采集器接插使用

续表

名称	说明
传感器通用数据显示模块	通过与各种传感器组合，使之具备独立数据显示功能，1.77吋彩屏，BT自锁接头
专用充电器及备件	用于传感器无线发射模块与显示模块

学生端声学探索包的配置内容

名称	说明
声级传感器	测量范围：20～120分贝，分度：1分贝；支持与采集器的有线通信、无线通信和独立数据显示三种工作方式
声波传感器	能测量声音的波形，研究声音的频率、周期、振幅等特征；频率测量范围为20～20000赫兹
声学实验箱	主要配置及用材：共鸣盒、鼓膜振动模拟装置、消音外壳、消音粘贴板、钢琴片、音叉等，各种器材有序嵌放于珍珠棉发泡成型的空间内。 实验内容：1. 声音的产生实验；2. 声音的变化实验；3. 声音的传播实验；4. 鼓膜振动模拟实验；5. 噪音减少实验等

学生端光学探索包的配置内容

名称	说明
光照度传感器	测量范围：0～10000勒克斯；分度：2勒克斯；支持与采集器的有线通信、无线通信和独立数据显示三种工作方式

续表

名称	说明
光学实验箱	主要配置：光具座导轨，光具座滑动标尺，视觉暂留装置，光具座底座，电影圆筒等 实验内容：1. 光的传播实验；2. 光的折射、散射、色散、反射实验；3. 显微镜原理实验；4. 幻灯机实验

学生端电学探索包的配置内容

名称	说明
多量程电流传感器	测量范围：－2～＋2A；分度：0.01A 测量范围：－200～＋200mA；分度：1mA 测量范围：－20～＋20mA；分度：0.1 mA
微电流传感器	测量范围：－1～＋1mA；分度：0.01mA；传感器自带硬件调零按钮并支持硬件调零功能
电能包	包含静电、电磁感应、疯狂指南针、柠檬电池、小汽车、导电报警器等
温差电流实验器	由底座、不同材料金属框组成，与微电流传感器配合使用
手摇发电系列装置	由发电电机、蜂鸣器、小灯、风扇、电流热效应、电流磁效应、化学效应七个独立模块与系列导线组成，可定性展示发电机发电效果，也可与电学传感器组合使用，定量测量发电机的发电能力

续表

名称	说明
电学实验箱	主要配置及用材：人体导电、旋转支架、橡胶棒、玻璃棒等，各种器材有序嵌放于珍珠棉发泡成型的空间内 实验内容：1. 摩擦起电实验；2. 基本电路实验；3. 电流的热效应磁效应实验；4. 人体带电实验；5. 电路综合实验盒的探究实验  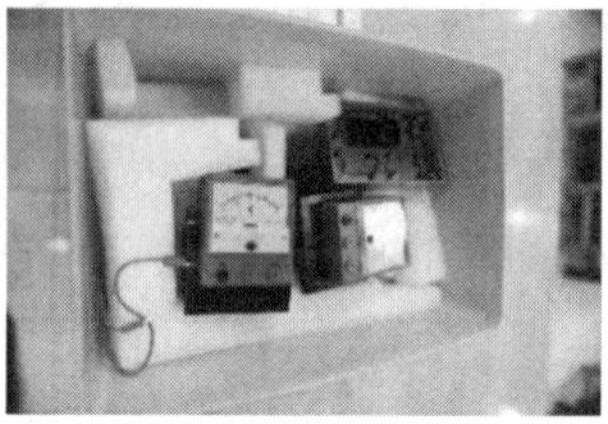

学生端磁学探索包的配置内容

名称	说明
磁感应强度传感器	量程：－15～＋15 mT；分度：0.01 mT
磁力包	包含磁力罗盘、磁力钟摆，悬浮磁棒、磁力球链等
磁学实验箱	主要配置及用材：外箱、磁铁小车车身、圆柱形磁铁、旋转支架托盘、旋转支架底座等，各种器材有序嵌放于珍珠棉发泡成型的空间内（含配套收纳柜，并且所有收纳柜可以组成一个整体） 磁铁小车加载磁铁后的体积为：39mm×25mm×20mm 实验内容：1. 磁铁的性质实验；2. 磁力线实验；3. 指南针原理  

学生端力学探索包的配置内容

名称	说明
力传感器	量程：－20～＋20 牛；分度：0.01 牛；传感器自带硬件调零按钮并支持硬件调零功能
浮力定律实验器	由专用物块、容器、转接器、水平杆和升降台组成，与力传感器配合使用
动力包	马达、轴轮、太阳能电池板等
力与机械	主要配置及用材：铝型材面板（40cm），铝型材面板（24cm），滑轮（单轮），轮轴等，各种器材有序嵌放于珍珠棉发泡成型的空间内（含配套收纳柜，并且所有收纳柜可以组成一个整体） 实验内容：1. 简易天平实验；2. 摆的探究实验；3. 摩擦力实验；4. 杠杆、轮轴、滑轮、斜面等因素分析实验

学生端热学探索包的配置内容

名称	说明
温度传感器	量程：－20～＋130℃；分度：0.1℃
摩擦做功实验器	由铜管、支架、摩擦绳组成，与温度传感器配合使用，可完成摩擦做功使温度升高实验
热传导实验器	由导热基座、三种不同材料的金属棒、传感器支架和固定螺栓组成，与三个温度传感器及酒精灯配合使用，可完成热的传导方向与不同金属的传热能力实验
高温传感器	测量范围：0～1200℃；分度：1℃；不锈钢探针，可测高温物体或火焰的温度

续表

名称	说明
热学实验箱	主要配置及用材：热传导观察装置、模拟陆地、冷却皿、铜球等，各种器材有序嵌放于珍珠棉发泡成型的空间内（含配套收纳柜，并且所有收纳柜可以组成一个整体） 实验内容：1. 热传导实验；2. 铜球热胀冷缩实验；3. 模拟大自然水循环实验；4. 热对流实验

学生端综合探索包的配置内容

名称	说明
气压传感器	测量范围：55～106kPa；分度：0.1kPa；用于测量大气绝对压强数据
土壤湿度传感器	测量范围：0～90%；分度：0.1%；测量土壤的湿度
土壤温度传感器	测量范围：−40～+60℃；分度：0.1℃；不锈钢探针，可测各种物体或溶液的温度
空气湿度传感器	测量范围：0～100%；分度：0.1%，测量灵感件置于探管中，便于测量罐体的湿度值
pH传感器	测量范围：0～14；分度：0.01
心率传感器	测量范围：0～200次/分钟，可实时显示心率大小以及心电心率波形

续表

名称	说明
气象实验箱	主要配置及用材：小型气象站实验套件，各种器材有序嵌放于珍珠棉发泡成型的空间内 实验内容：通过建立一个小型气象站，测量风速、风向、低温、空气温度、湿度等

（二）语言自适应学习空间

语言自适应学习空间主要由四个板块的内容组成，即智能互动学习系统、虚拟助教、模块化服务器、教师及学生的云终端。

语言自适应学习空间

智能互动学习系统能实现远程管理、远程控制、远程监视以及镜像链接等功能，让教师轻松实现跨时空、多界面的管理；虚拟助教能智能配送教学资源，同时，能实现六大学习模式的灵活切换，并能嵌入多种互动工具及学科工具；模块化服务器能为每台云终端分配适合的系统资源，并能存储多个虚拟系统，实现系统安全高效运行；教师及学生的云终端是支持教师和学生进行学习的主要工具，让学习者轻松自如地进行高效学习。相关配置清单如下表。

语言自适应学习环境配置要求

名称	功能设计
智能互动学习系统	1. 远程管理：通过浏览器即可访问云桌面管理平台，对连接到该服务器的云终端进行管理，无需安装额外管理软件；实现随时随地对系统远程管理 2. 远程控制：远程重启、关闭、锁定各云终端和服务器；查询每台云终端的状态并更改操作系统等；设置云桌面分辨率、背景图片等基本信息 3. 资源池按需分配：可根据实际需要，为每台云终端分配适合的CPU、内存等系统资源 4. 远程监视：通过对所有学生端运行桌面的批量展示，实现远程实时监视 5. 多频道环境部署：为每个教学应用场景分配相互独立的操作系统，批量安装，可快速切换教学应用环境。实现随时恢复全新环境，免受运行速度慢、病毒困扰等 6. 镜像链接：针对统一系统的环境，通过镜像链接引用，无需虚拟机逐台克隆，实现更快捷的环境部署，且占用更少空间 7. 提供班级用户密码以及非密码登录方式，针对密码登录方式，可以提供备份、修改、重置等操作，防止密码丢失 8. 提供多教室管理功能，可以将管理员的办公电脑或者某教室中的教师机设为主服务器，仅需安装云桌面管理平台软件即可，无需安装其他软件，方便快速部署 9. 在局域网内的任意机器上通过管理员用户认证登录，实现对任意教室的远程统一部署和管理全部功能

续表

名称	功能设计
智能互动学习系统	10. 管理员用户在未登录多教室界面状态时，可以查看多教室列表，教室列表上显示的多教学工作状态支持查看教室运行情况，但无任何操作权限 11. 使用管理员用户登录后，可以创建、修改及删除教室。在多个教室管理时，在任意一个教室中修改的信息，系统自动实时同步给所有教室 12. 可以根据教室布局情况进行一一对应的座位排列，提供座位信息的启用、禁用、修改等功能；对座位信息提供备份及还原功能 13. 虚拟机可以实现物理机的功能，如具有自己的资源（CPU、内存、网络、存储），可以具有单独的MAC地址。虚拟机之间完全隔离，其中一个虚拟机发生故障不会影响到同一个服务器上的其他虚拟机，每个虚拟机上的用户权限只限于本虚拟机之内，以保障系统平台的安全性 14. 具有网络限制功能 15. 提供机械硬盘及固态硬盘的快速启用切换功能，确保业务系统的服务便捷
虚拟助教	“智能化汉语教学系统”可智能分析教学资源并自动匹配最佳汉语教学互动模式，包含专业的“课文讲解”“课堂测试”“复习辅导”“协作设计制作”“阅读训练”“知识竞答”六大教学模式，并嵌入语音广播、屏幕广播、电子画笔、师生对讲、黑屏肃静、监视、小组讨论等多种互动工具及汉字、拼音、书写等学科工具，实现互动式、反馈式汉语教学
	“智能化英语教学系统”可智能分析教学资源并自动匹配最佳专用英语教学模式，包含课文讲解模式、听力讲解模式、口语教学模式，配备多种互动工具（含语音广播、电子画笔、师生对讲、监视等）及专业智能化教学辅助工具（含跟读、朗读、听写、文本自动转音频、智能语音评测、教学资源知识点智能识别等），实现互动式、反馈式英语教学

续表

名称	功能设计
虚拟助教	“英语随堂听力测试系统”提供听力测试题资源库，支持教师自编单选、填空等题型开展随堂测试，系统可针对客观题进行自动评分，统计结果能实时反馈到教师端；配备语音广播、屏幕广播等工具，便于教师当堂讲评
	“英语随堂口语测试系统”含自主跟读、朗读训练方式，在学生训练过程中系统能进行智能化口语评测，实时统计并反馈结果；配备语音广播、屏幕广播等工具，便于教师当堂讲评
	“英语随堂阅读测试系统”提供阅读测试题资源库，支持教师自编单选、多选、填空等题型开展随堂测试，系统可针对客观题进行自动评分，统计结果能实时反馈到教师端；配备语音广播、屏幕广播等工具，便于教师当堂讲评
模块化服务器	1. 具备模块化失效备援功能，当云计算网络中某一节点服务器因运行故障不能提供服务时，其他服务器节点能主动援救，确保整个系统安全高效的运行。可实现系统“模块化备援” 2. 具备远程管理功能，通过远程管理，重启、关闭、锁定各云终端和工作站；查询每台云终端的状态并更改操作系统、修改IP等；设置云桌面的分辨率、背景图、密码等基本信息。可批量实时监视所有学生的运行的桌面 3. 服务器可为各学生端分配硬件资源实现差异性的量化管理，可根据实际需要，为每台云终端分配适合的CPU、内存等系统资源 4. 服务器磁盘存储多个虚拟系统镜像，同一教学环境下可同时为不同终端分配多种版本的操作系统

续表

名称	功能设计
教师及学生的云终端	1. 每个学生获得独立PC机上的用户体验，能使用多种版本的操作系统，能独立安装各种主流应用程序并正常使用，支持对云终端进行多种系统桌面部署 2. 远程管理：管理员通过浏览器即可访问云桌面管理平台，对连接到该主机的云终端进行管理，无需安装额外管理软件；实现随时随地对系统远程管理 3. 虚拟机系统定制：可根据实际需要，为每台云终端分配适合的CPU、内存等系统资源，实现资源池按需分配 4. 多频道环境部署：可为每个教学应用场景分配相互独立的操作系统，批量安装，可快速切换教学应用环境。实现随时恢复全新环境，免受运行速度慢，病毒困扰 5. 镜像链接：针对统一系统的环境，通过镜像链接引用，无需虚拟机逐台克隆，实现更快捷的环境部署，且占用更少空间 6. 显示和输入设备：不低于19.5LED液晶显示器，USB键鼠套件 7. 当服务器资源池宕机故障时，云终端仍可以接受离线广播、Word文档办公以及在互联网浏览资料 8. 当交换机出现断网故障时，云终端在网络修复后仍然能进入断网之前的工作界面并还原之前的操作且未保存的数据不会丢失

（三）数字绘画学习空间

数字绘画学习空间主要由四个板块的内容组成，即数字美术管理软件、数位屏工具、Mini台式主机、云服务器。

数字绘画学习空间

数字美术管理软件能实现支持50个以上客户端，并具备多种数字画笔和数字图像处理功能，同时，具备庞大的数字图库；数位屏工具是数字绘画的终端，具备触控方便、绘制便捷、互动友好等功能；主机和云服务器符合主流配置的要求。相关配置清单如下表。

数字绘画学习空间配置要求

名称	配置要求
数字美术管理软件	1. 支持50个客户端，具备铅笔、钢笔、喷笔、水彩笔、油画笔、蜡笔、麦克笔、毛笔、特制笔等不少于50种数字画笔 2. 有数字化设计稿纸和尺寸测量工具；支持不少于20种数字化图像处理技术 3. 包含动画制作功能，有录音及屏幕录像功能可直接制作微课 4. 包括不少于800张图片、动画、相框等美术图库 5. 支持美术课程局域网内多用户交互式教学和示范评价 6. 支持师生管理、班级管理、美术作品欣赏及管理等后台操作 7. 具备作品一键上传到教师机和分享到互联网的功能

续表

名称	配置要求
数位屏工具	1. 液晶屏支持多种分辨率，最高可达1920*1080 2. 一机两用，不仅可用于手写绘画，还可以当作一台普通的液晶显示屏，利用效率高 3. 全新4个电容触控式可自定义快捷键，可以使用户更加便捷地完成操作，例如上下翻页、放大缩小等功能 7. 舒适的人体工学设计，全新支架设计，数位屏有两种不同的使用角度，适合不同习惯的客户和应用场景 8. 采用AES 256bit数据加密及RSA 2048bit密钥管理，保障数据安全 9. 每台设备都有唯一的硬件ID，使得签名可追溯
Mini台式主机	1. 商用微型计算机 2. 配置符合现行标准
云服务器	标准配置4核，32GB内存，1TB硬盘，128GB固态硬盘，最低配置2核16GB内存

四、“多对多”智慧学习空间的延伸

结合教学实践，“多对多”智慧学习空间不断尝试多样化、多元化的延伸创新，近几年在多个学科领域进行探索，主要是将互联网技术（如人工智能、智能助理、物联网、移动技术、3D打印、交互式书籍、增强现实技术等）应用到学习空间的创建中。学校先后建设了数字木工、机器人实验室、定格动画室、数字音乐室、VR创新室等新型学习空间。

（一）“数字木工”智慧学习空间

“数字木工”主要是基于智能助理的互联网技术在劳动教育中的实践和创新，通过移动技术和智能助理为学生提供多种学习资源和评价资源。劳动教育的特征是需要学生不断尝试，通过实践学习技能。若创设的学习空间有助于学生在实践过程中摆脱传统教学的束缚，激发自主学习的热情，则对培养学生的创新精神与实践能力具有非常重要的意义。数字木工的配置标准有数控机床、数控切割机、基本木工工具、云终端、云服务器等。

数字木工学习空间

（二）机器人实验室学习空间

创客教育指利用互联网、开源软硬件、3D打印、可视化编程等新兴软

机器人实验室

硬件，将创意转换成现实。机器人实验室的建设就是基于创客教育的理念，旨在让学生在发现问题、探索问题、解决问题的过程中将自己的想法作品化，培养学生独立的创造性思维与解决问题的综合能力。机器人实验室的配置标准有智能机器人、可视化编程软件、编程主机、交互式平台等。在机器人实验室，学生可以掌握为一种智能机器人下载程序的方法，了解智能机器人的传感器和驱动装置的作用；理解、体会程序是智能机器人的灵魂，了解、体会智能机器人是怎样在人的指挥下工作的；学习为一种智能机器人编写程序，发散思维，提高问题分析、规划和解决的能力。

（三）定格动画智慧学习空间

定格动画智慧学习空间充分关注学生的过程性体验，通过欣赏、设计、拍摄定格动画作品来启发学生的想象力和创造力；以兴趣为基础，发挥学生参与的主动性，参与课程的实际操作。激发学生发现生活中的美，通过艺术美化学生的心灵。在定格动画智慧学习空间，学生学习的课程分为欣赏、设计、活动、实践四个学习领域。定格动画剧本编写、定格动画角色分镜设计、定格动画拍摄、动画后期合成等等一系列定格动画课程，旨在让学生在学习之后能够以小组合作的方式创作定格动画短片，以定格

定格动画智慧学习空间

动画为载体表达学生对生活的美好情感。定格动画智慧学习空间的配备标准为若干台移动终端、三台平面拍摄定格动画拍摄台、两台定格动画立体拍摄台、一台定格动画立体摄影棚、云服务器等。同时，还配备了支架、柔光灯、LED摄影灯条、三角支架等配件。整间工作室还搭配了支持60台移动终端同时使用的无线网络环境。

第四节 “一对一”无边界智慧学习空间

一、“一对一”无边界智慧学习空间的理念

无边界智慧学习空间的基本理念是为学生在独处时进行写作、编程、研究和思考等提供便利。学生在这样的学习空间里只需动动手指，通过“点一点”“敲一敲”“划一划”等方式就可以进行创造和学习。

“一对一”无边界智慧学习空间呈现出专题设计、以学定教、借助边界的特征。专题设计是指在学习内容繁多、知识点繁杂的情况下，通过对知识点的梳理以及知识体系的构建，紧密衔接前后知识，运用无边界学习具有的举足轻重的优势。“多样练习、以学定教”以学生为主体，尽可能以多样化的设计，让学生展现自己的认知水平，从中教师也可以适时了解学生知识理解和掌握的情况。“借助边界、趣效合一”就是根据数字化思维将学习内容通过生动的画面、适当的文字、活泼的动画、亲切的语音等形式把重难点知识梳理成串，在视频中集中展示，有助于调动学生学习的积极性，激发学生去思考。

二、“一对一”无边界智慧学习空间的系统架构

“一对一”无边界智慧空间具有超越边界、借力微课、合作反馈的结构系统。无边界智慧学习既可以是校内学习的有益补充，也可以满足学生的拓展学习。确定学习主题后，利用相应平台开展直播，也可以利用录屏

的方式设计研究内容，制作录制微课，在课前进行预习，完成学生间的合作探究和学习，通过反馈了解学习效果，对下一次的学习内容进行调整。

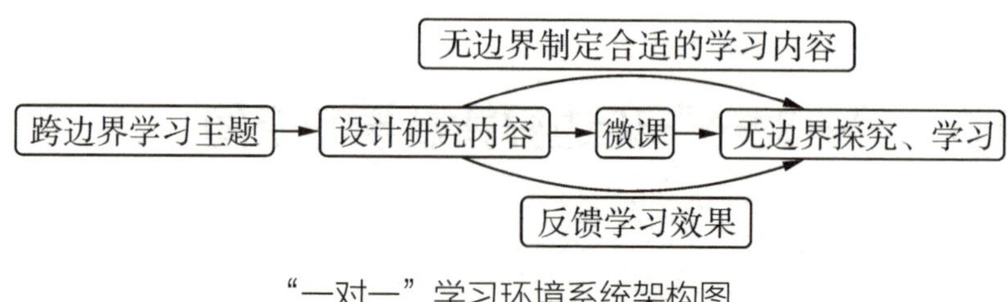

“一对一”学习环境系统架构图

“一对一”无边界智慧学习空间具有系统建构、以做促思、以景导学的环境优势。无边界空间助力系统建构知识网络。学生通过借助学习资源中的树状图、网络图、思维导图等有序地复习回顾知识点，清晰地梳理概念，体会知识的内在联系，更有效地区分和记忆这些概念，同时也进一步培养了学生的抽象概括能力和语言表达能力。无边界空间注重体验，旨在促使学生以做促思。在无边界学习中设计拓展性的练习，既给予学生丰富的时间来实践研究，又有助于培养学生运用综合知识解决问题的灵活性，拓展学生的思维空间。无边界空间助力联系生活以景导学。从生活实际出发，选取生活中的素材作为学习媒介，促进学生想象。创设贴近学生生活的情景，激发学生学习的兴趣，使学生感受到学习的价值。

例如，疫情期间利用钉钉平台开展的线上学习就是一次有益的尝试。教师通过钉钉平台构建“直播＋互动”式学习空间。这种方式把平时的线下上课搬到线上，由教师负责组织，通过钉钉平台把学生“集中”起来，采用直播的方式进行上课，学生可以直观看到教师和教学课件，同时也可以进行师生互动。线上“直播＋互动”的学习空间基本可以满足教学的需要，教师按照课表时间进行直播教学，在避免人员聚集的情况下，能够保证教学质量与实际教学基本持平。

此外，教师通过钉钉平台构建“自主＋答疑”式学习空间。教师通过各种社交平台布置学习任务，提供学习资源，安排学习进度。由学生自己或在家长指导下，根据进度的安排自主学习。在学生学习的过程中，可以直接对教师进行发问，教师针对学生问题进行答疑解惑，针对共性问题进行集中指导。让学生的学习时间能够弹性安排，可以培养学生的自主学习能力。对终端设备、云服务和网络稳定性要求相对较低，便于操作。

通过钉钉平台构建“直播互动＋自主答疑”混合式学习空间。教师对新授课学习或难点学习采用直播互动的方式，拓展与练习采用自主答疑式，具体划分可根据教材内容、网络环境、移动终端设备及学生视力保护情况而定。线上“直播互动＋自主答疑”可将两者优点互补，在一定程度上克服以上两种模式单独进行的不足。

三、“一对一”无边界智慧学习空间的软件环境

APP软件资源是推进“一对一”无边界智慧学习革新的重要支撑，随着资源的开发和投放，众多APP可以有效促进学习方式的变革。为学科转型发展的APP建立资源库，并分析学科功能和学科优势，有利于教师更快地建立学教变革的支撑点。APP软件全面应用于语文、数学、科学、美术、英语等学科，为数字化思维驱动学生学习插上了飞翔的翅膀。APP资源库总结和提炼了应用于各学科的APP的技术特性、功能以及优势等，数字化思维驱动学生学习的APP资源库有很多，学生可以设置自己的兴趣和学习风格，APP资源库会自动筛选适合学生个人情况的不同资源进行推荐。APP介入学生学习肯定是大势所趋，是时代进步的特征，让学生个性化学习成为可能。当然，选择APP辅助学生学习应遵循适切性、互动性、辅助性等原则。

第十章

数据驱动下教师教育品质的升级迭代

第一节　教师教育品质

在数字化思维驱动下，学校可以通过问卷调查、访谈、课堂观察量表等方式对教师的教育品质进行深度调研。以数据库与资源平台为依托，量化教师在各项教育素养上的胜任力，并为教师安排精准研修，监控教学改进。

教师的教育品质涉及多个领域，应综合覆盖涉及学生成长的每一环节。结合国内教育环境，对教师的教育品质进行分析，摘选出影响学生学业成就的十六项教育品质。根据十六项品质的层级结构，可以排布成从浅层到深层的教育品质金字塔模型。

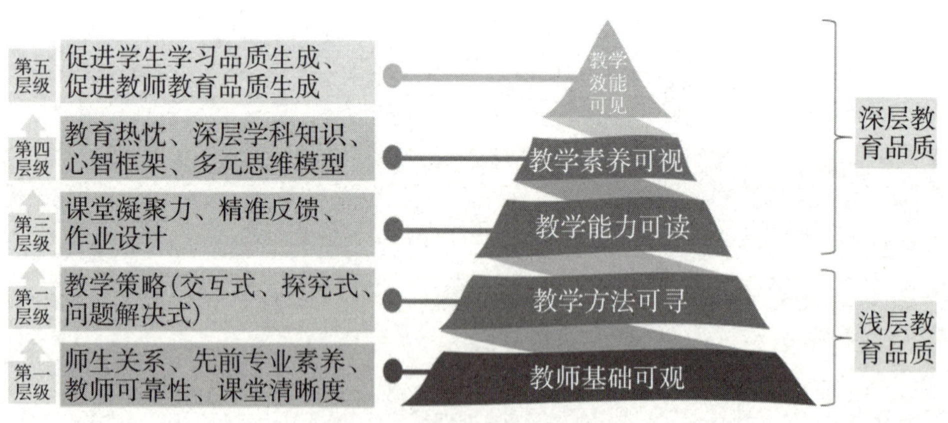

教师教育品质金字塔模型

1. 师生关系：教师和学生在教育教学过程中结成的相互关系，包括彼此所处的地位、作用和相互对待的态度等。

2. 先前专业素养：教师在进入角色前，对教育教学和学科知识的认知。

3. 教师可靠性：学生信赖教师并听取教师的建议。教师在学生面前具有较强的可靠性，以促成良好的师生关系。

4. 课堂清晰度：教师授课清晰、重点突出、学生能跟上课堂节奏等。

5. 交互式教学策略：在宏观教学情景下，在多点自由切入的教学平台上，教师的教与学生的学围绕某一个问题或课题进行平等交流和自主互动。

6. 探究式教学策略：学生在教师指导下，以学生为主体，通过自主探究、合作探究等多种形式对当前教学内容中的主要知识点进行深入学习。

7. 问题解决式教学：依照提出问题、分析问题、解决问题的流程进行教学。

8. 课堂凝聚力：课堂高效、学习氛围浓厚。

9. 精准反馈：教师能对学生的学习数据进行分析并生成点对点形成性评价。

10. 作业设计：教师根据学生需要掌握的知识设计作业练习，包括作业的内容、形式、讲评方式等。

11. 教育热忱：教师对教育的热爱程度。

12. 深层学科知识：教师对本学科的课程标准有清晰的了解，能清楚描述本课程小学阶段的知识体系。

13. 心智框架：教师对学教关系、师生关系、自我价值等方面的认知框架。

14. 多元思维模型：教师能将一些管理模型、推理模型、记忆模型、归纳模型等运用到教学过程中。

15. 教师的教促进学生学习品质的生成：教师能通过自己的教育教学帮助学生达成高注意力、高参与度等学习品质。

16. 教师的教促进教师教育品质的生成：通过对教学效能的审查和反馈，在教学时教师会提出适当的挑战，让学生专注于持续投入的学习。

浅层教育品质直指教师“核心素养”，是每位教师为保证学生学习都应达成的素养。深层教育品质是教师为改进自身教育能力的上层思维模式和元认知，是教师可以终身发展的教育品质，对浅层品质具有指导作用。明确十六项教育品质后，可以进一步对各个教育品质进行数据测算和把控。

第二节　教师教育品质的数据测算

一、测算方法

（一）即时课堂观察

教师的浅层教育品质围绕课堂展开，听评课可以直观评估教师的基本素养。在听评课中，听课教师不仅仅需要关注教师的教学设计，更需要关注课堂中的师生互动，并记录教师的各种课堂行为，分析行为利弊。通过课堂评估表对教师教育教学品质的考察，具有很强的直观性。（课堂教学评估表见章末附表1）

（二）访谈法

访谈法是指通过采访人和受访人面对面地交谈来了解受访人的心理和行为的心理学基本研究方法。通过全校的教师访谈，对教师的各项教育品质，特别是深层教育品质的认知水平进行初步了解，以此作为主观判断和设计问卷的依据。（教师教育品质访谈记录表见章末附表2）

（三）问卷调查法

问卷是指为统计和调查所用的、以设问的方式表述问题的表格。问卷法就是研究者用这种控制式的测量对所研究的问题进行度量，从而收集到可靠的资料的一种方法。使用五点式的李克特量表测量教师教育品质的起点和进程，进行检查单数据反馈。问卷围绕教师教育品质的各维度展开，问卷设计时，参考皮亚杰发展水平量表等专业量表，并结合访谈时发现的教师普遍存在的疑惑和症结设计问题。在问卷中，可以设置逆向测试试题，增强调查效度。（教师教育品质调查问卷见章末附件3）

二、数据测算与反馈

（一）构建教育品质雷达图

根据调研结果可以发现学校教师教育品质的分布规律，例如某教师在“教师学习品质”“多元思维模型”“影响学生表层、深层学习成果”“作业设计”以及“教学策略”方面的运用较为薄弱。为了更加直观地呈现每位教师的教育品质，采集测算到的数据经分析处理后形成教师教育品质雷达图。

通过雷达图，教师可以从职业发展、学科素养、教学技能、管理能力、心理品质等方面全面、科学地分析自己，找到自己在专业发展方面的优势和劣势，面临的机遇和挑战，从而为如何开展自我学习和选择培训内容等做好准备。

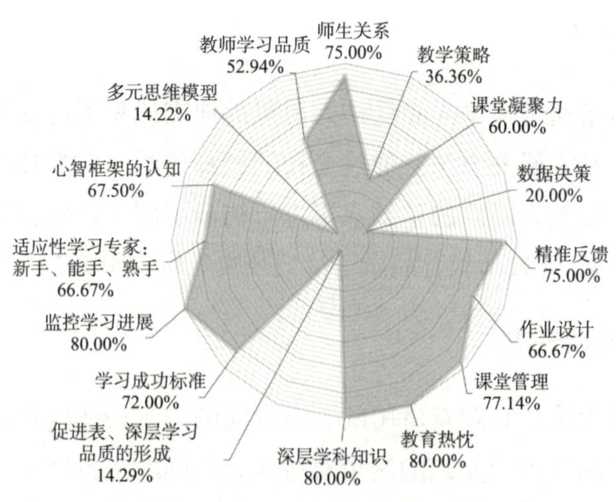

E教师（“新手”）的教育品质雷达图

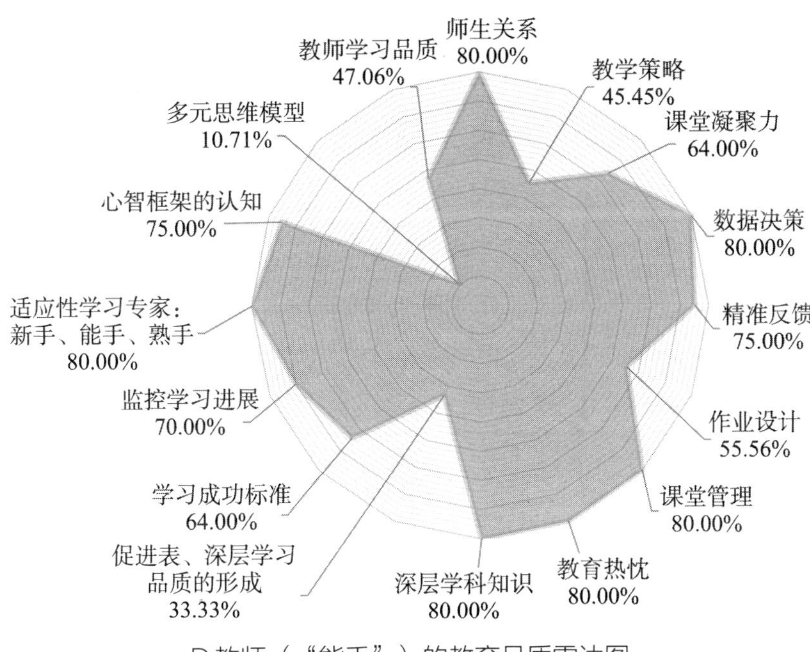

D教师（“能手”）的教育品质雷达图

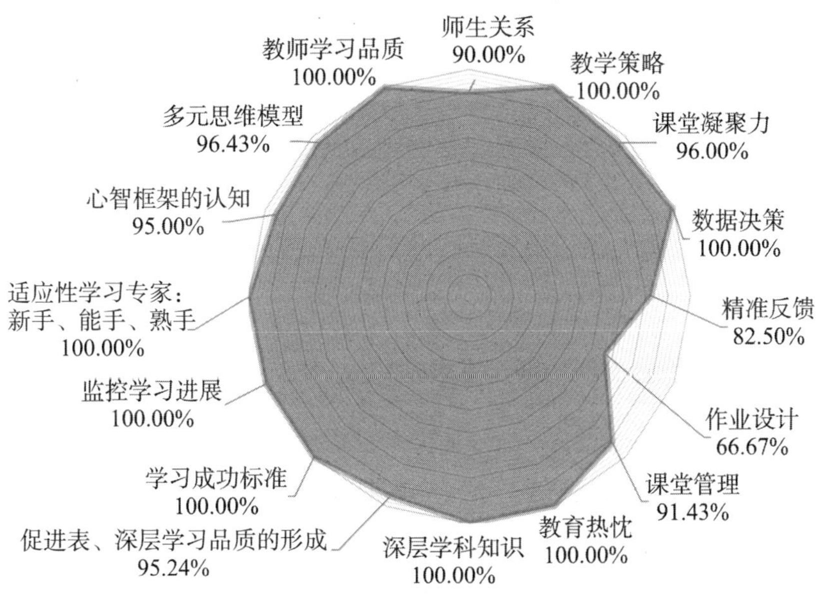

A教师（“熟手”）的教育品质雷达图

根据雷达图的饱满程度，可以把教师划分为“新手”“能手”“熟手”或“专家”。每位教师根据对应的雷达图认清自身短板，选定研修内容，寻找“专家”型教师作为当前提升教育品质的指导教师。

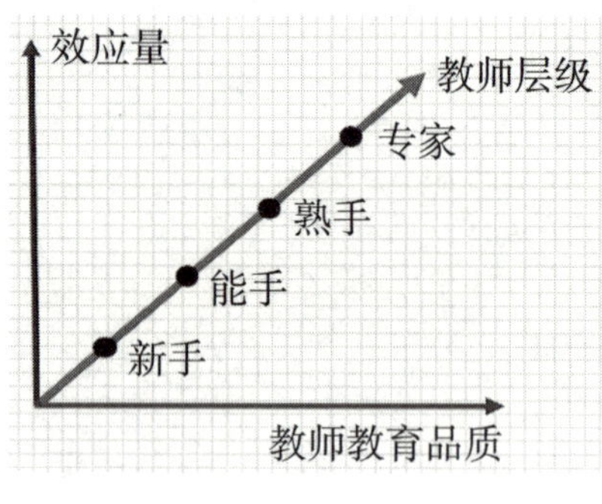

教师胜任力层级

（二）搭建个人诉求展示台

借力信息中心，在钉钉等平台上建立“教师研修个人诉求展台”，用即时问卷的方式为教师自动化生成研修建议。问卷内容包括个人现状分析、细化的三年发展目标以及对学校保障提出的要求这三个方面。在个人规划中分项罗列各个维度的具体目标，包括“教学能力”“管理能力”“个人学科素养”等，以及各个维度发展要达到的级别，从省、市、区、校等不同层面给自己列出切实可行的达标点。将“简答题”变为“选择题”或“填空题”，为教师提供一个便捷的诉求渠道，以便学校从个人诉求出发完善教师的个人研修方案。

（三）形成教师发展一师一方案

首先，根据教师需求，学校从多个维度整合和优化研训资源，包括教师职业成长过程所需的研训、个人短板补足所需的研训、特长发展所需的研训等，以菜单的形式提供给教师进行选择。其次，教师根据学校提供的研训菜单，对照自己的需求拟定个人学期研训项目，学校进行分类统计和整体规划。最后，学校为每位老师制订《年度卓越教师发展研修计划》，形成一师一方案。

2020学年卓越教师发展研修计划

姓名		教龄	2	职称	二级教师
个人教育品质雷达图			未来一年自我发展诉求		
			教学能力目标：区教坛新秀 科研能力目标：区课题立项 集体讲座倾向：思维模型培训、心理团辅培训、教学方法培训 在课堂管理、作业设计上较薄弱，希望能提供示范课，让我进入课堂学习课堂管理方法。希望能有师傅教我如何就不同课堂内容设计更高效的作业。		
加入研修社团一			加入研修社团一		
主题	负责人	时间	主题	负责人	时间
精准反馈研究		周一15：40-16:20（3-9周）	课堂管理研究		周四16:00-16:40（12-16周）
学科特色化研修主题			“主题阅读”类目		
一年级语文　游戏性作业设计研究（10月15日）			一年级语文 传统文化类（11月3日）		

注：本页贴至教师研修手册扉页对应位置。

年度卓越教师发展研修计划

《年度卓越教师研修计划》是结合教师教育品质雷达图数据与个人诉求综合制订的，包括教师的雷达数据、自我规划和报名参加的研修社团等。这份计划作为教师发展指南，指导教师进行一年的校本研修，实现教育品质的生态化成长。

个性化研训让教师进行课题研究在时间、空间上更有保障。无论是导师帮助指导科研，还是同伴合作研究小课题，亦或是参与项目制研究，都能有效地通过研训的方式专研课题，弥补教师课题研究的短板。特别是以团队研究为主的项目制研究，能更好地发挥组内教师的力量，分工合作、共同研究、思维碰撞，如数学“思维导图”、英语“合作化评价”、有效的课堂教学诊断、精准作业设计、“精准命题　有效评价”“融合教育”等项目，都是团队合作研究破解的一个个教学难题。

“一师一方案”个性化研训使教师的教育实践能力、运用研究能力、课程开发能力都得以充分地提高，使教师向“学习型”“研究型”“专家型”方向发展。

第三节　教师教育品质的数据分析与监控

一、基于监控反馈的信息循环模型

完成第一次数据测算及反馈后，可以借助约翰·哈蒂在《可见的学习》一书中效应量计算的公式，后测各项维度，效应量大于0.4则达到预期目标；分析教师的薄弱维度，做好教学策略的改进和总结。确认改进策略后，跟进一系列的听课活动，对教师某一维度的教育品质进行持续性跟踪，形成折线图，确认该改进策略是否有效。

$$效应量=\frac{调研数据（后测）-调研数据（前测）}{全校的分布（标准差）}$$

教师教学增长效应量计算公式

如针对“课堂管理”教育品质，可以总结老师在行为习惯管控机制、集体性行为训练以及学生发言规范三个课堂管理维度上比较薄弱的板块，再通过交流研讨、课堂观摩、课堂实践等方式，精准提升课堂管理质量。

针对有效的案例，应总结这一教育品质得到发展的措施供其他教师参考，从而实现教师各项教育品质的生态化发展；针对无效甚至逆效的案例，应反思各环节中的问题，并更换改进方式，持续追踪。最终，形成教师教育品质循环发展模型，后测教师行为维度要素，对教师和学生的行为进行及时的评价和评估。

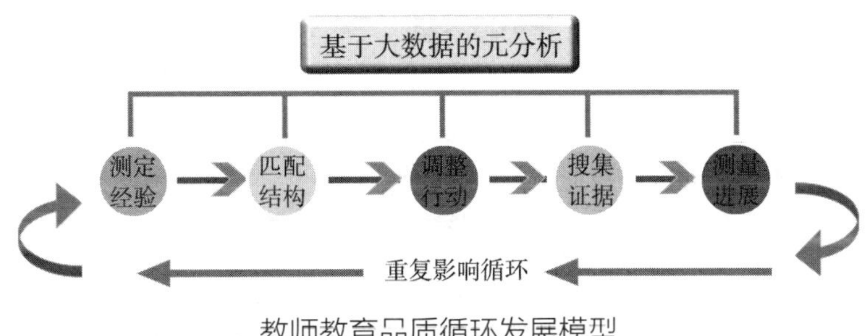

教师教育品质循环发展模型

二、基于数据筛查的胜任力评估

（一）胜任力的数据筛查

胜任力筛查指的是进一步对教师在教育教学品质中的项目相关数据进行分析，对比前后两次雷达图，明确每位教师在各个教育教学品质上的优势、劣势和胜任能力，以筛选下一步需研修的项目。

胜任力筛查内容包括：满足个性需求的研训与学校教师梯队建设的有效整合，优化研训项目设置；教师在研训中的个性化管理和选拔奖励制度的优化；团队评价维度的丰富化，改进、完善团队评价的评估细则，发挥团队对个人成长的助推力。通过胜任力筛查，在研训项目的内容、方式和考核部分等方面进行修改、调整和增设，整体上形成更丰富、更优化的研训项目体系。

（二）胜任力的专家分析

专家引领是一种比较常用又有效的研训方式，可以将最前沿的教育教学研究理念带给教师，帮助教师解决实际教学中的困惑。在需求调查中，很多教师提到希望校内外的专家能引领个人的专业发展。

在个性化研训中，学校通过统计教师需求邀请教研专家为教师带来专业引领。同时，研训方式也由“全员参与”变为“按需参与”，培训过程中增加教师与专家的互动环节。与集中培训不同，这里的专家引领能够及时满足不同群体的个别需求。

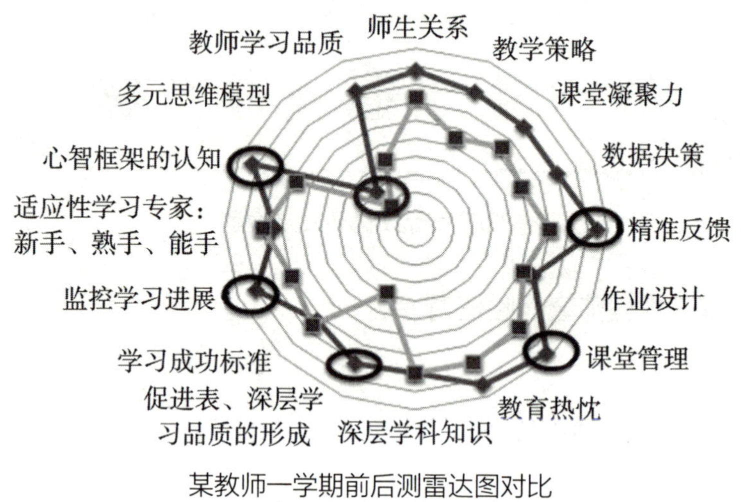

某教师一学期前后测雷达图对比

开设专家“门诊”，设定扁平式责任区，将教师以学科、年级等为单位形成一个片组，组内有由学校行政领导、学科导师组成的专家团队，使每一位教师最起码对应两位校内专家，负责全面监控教师的研修进程，解答教师诉求。

某教师一学期前后测效应量

教育品质	师生关系	教学策略	课堂凝聚力	数据决策	精准反馈	作业设计	课堂管理	教育热忱
后测	87.50%	81.82%	80.00%	80.00%	95.00%	66.67%	97.14%	93.33%
前测	72.50%	54.55%	64.00%	60.00%	70.00%	61.11%	77.14%	80.00%
效应量	1.9	2.5	1.3	1.4	2.6	0.3	1.6	0.7

续表

教育品质	深层学科知识	促进表、深层学习品质的形成	学习成功标准	监控学习进展	适应性学习专家：新手—熟手—能手	心智框架的认知	多元思维模型	教师学习品质
后测	80.00%	80.95%	72.00%	90.00%	73.33%	92.50%	28.57%	82.35%
前测	80.00%	38.10%	76.00%	70.00%	80.00%	67.50%	17.86%	41.18%
效应量	0	3.8	−0.3	1.4	−0.2	2.1	0.7	3.3

（三）胜任力的个人反拨

基于社会认知理论，教师自我评价包括：对处于薄弱项的相关因素的自我观察；关于目标达成的自我评价；对达成的目标和过程的满意度进行自我解读。在个性化研训中，教师通过“自我对标”来评价研训的成效，并对研训体系提出改进意见。

把教师的自评和联动评价相结合，不仅让教师看到自我评价，也看到他人对自己学习过程和成效的评价，从中找到差距并提出下一步学习的改进举措。这个具体流程为：调查反馈—自我反思—联动评价—改进举措—新一阶段研训。

教师根据个人研训规划，进行目标达成情况的对标分析，进行自我评定。教师阶段性反思自己拟定的专业发展规划，与导师和协作同伴共同分析，总结个人研训取得的成绩，找到“达标”与“未达标”部分，查找存在的问题，提出下一阶段的改进的举措。

学校根据教师个人自评后，对教师个人研训成效进行“统整式”评价，帮助指出不足和改进意见。为使评价量化，课题组设计个人研训成效评价表，以满足教师个性发展和成长评价的需要。

三、基于生态库驱动的任务挑战

为了实现教师数据驱动下的教师教育品质发展的生态化迭代，收集某个教育品质维度上的优秀研修模式进行总结，并归纳录入“校本研修生态库”，为未来选择同样研修主题的教师做导向。校本研修生态库以网络数据库的形式储存，建立“多元思维”“师生关系”等10个生态库，生态库中收录了个人或教研组团队对这一教育教学品质研究的各项材料，以及优秀教师成长轨迹，供所有教师参阅学习。

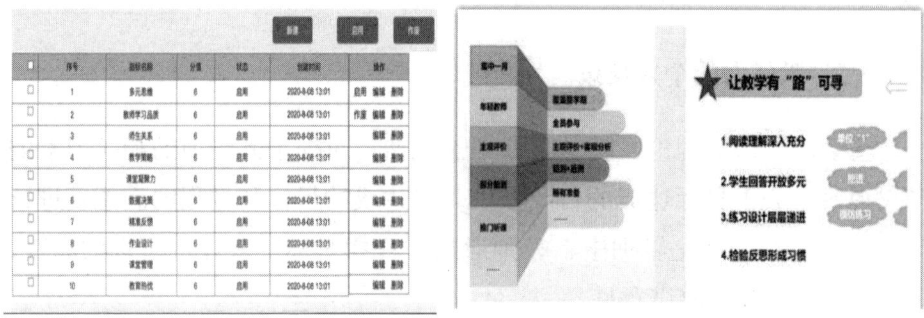

网络“校本研修生态库”及优秀成长案例

（一）挑战性任务

建立校本研修生态库后，将根据教师在教育教学品质上的数据短板，为教师推送挑战性任务和相应的优秀案例。教师可以在学习优秀案例的同时进行仿照性实践，不断深入研究对学业成就有积极影响的要素，提升教师的个人专业素养和团队素养。

（二）卷入式分享

在完成生态库推送的挑战性任务的同时，教师每人每学期都得到一次展示个人研修成果的机会，以汇报的形式将自己的研修心得分享给他人。学校在期末召开一次“年度卓越教师研修计划”分享会，让每位教师都能反思并改进自己的研修过程。在每学年结束后，学校会选择五位研修效果最突出的教师在全校教职工大会上分享个人成长方法，如展示个人在“精准反馈”主题研修上如何开展常态课学习共同体钻研、展示课备课磨课等，以及从学生学习角度出发取得巨大进步。会上，参会教师可以参与提问和讨论。

以数据为教师发展赋能，教师教育品质增长将在数据助推下趋于精准化、深入化，同时，教师研修方式不断实现生态化更新。

附1　课堂教学评估表

授课教师		听课人		听课时间	
教学目标：能根据学习材料与学生的实际制订合理的目标，做到三维有机整合，重难点明确，表述清晰，操作性强；符合该教师备课教案、课件设计。					
1	2	3	4	5	6
教学环节：能围绕目标及学情设计简约合理的教学环节，时间的分配合理，课堂结构疏密有致，教学过程方式有创新亮点；符合该教师备课教案、课件设计。					
1	2	3	4	5	6
教学策略：在课前下发导学单引导学生进行前置性学习；给学生足够的自主思考时间；考虑到学生的能力和兴趣有所差异，准备多个学习任务。					
1	2	3	4	5	6
评价反馈：在评价时会给学生提供很具体的反馈，使用的评价语言以引导学生思考为主，而不是判断正误；鼓励学生给予其他同伴适当的评价。					
1	2	3	4	5	6
作业设计：为班级学生设计分层作业；分基础作业和挑战作业；分必做作业和选做作业；除配套作业外，设计校本作业；保证10分钟左右书面练习时间。					
1	2	3	4	5	6
师生关系：对待学生能一视同仁，关注教师每位学生，学生均有发言、课堂活动参与的机会；学生在课堂上当面指出教师的确实授课错误时，教师能承认并表扬。					
1	2	3	4	5	6
课堂提问：会在学生发言的基础上提出让他们进一步思考的问题；课堂上当学生答错问题时，会追问和提示学生进一步思考。					
1	2	3	4	5	6
课堂讨论：小组讨论遇到问题难以继续时，教师帮助他们使得讨论继续进行；给学生足够的讨论问题的时间。					
1	2	3	4	5	6
激励策略：在课堂上设置小组或个人比拼；当学生与教师意见不统一时，会鼓励学生发表自己的看法。					
1	2	3	4	5	6

续表

有效合作：教会学生小组合作方式，鼓励学生学生在小组活动中主动合作；小组分配时，尽量让组内学生能力不同。					
1	2	3	4	5	6

附2　教师教育品质访谈记录表

访谈主题：教师对影响学生学业成就要素的认识	
访谈时间：	记录员：
受访人姓名：	所授学科：
从您所教年级和科目出发，您认为和学生学业成就高度相关的教师要素有哪些？ 从您所教年级和科目出发，您认为和学生学业成就高度相关的学生自身要素有哪些？ （教师的可信度）您认为您在学生心目中是值得信赖的吗？为什么？您一般会采取什么措施来尝试增加您在学生心目中的可靠性？ （教师的课堂清晰度）您认为学生在课堂上能跟上您的节奏吗？您尝试过用什么方法来增加您在课堂中的表达清晰度？ （形成性评价）您知道什么是形成性评价吗？在教学中哪些方面体现形成性评价？ （师生关系）您认为教师是影响师生关系的主要因素吗？您是怎么做好一名教师的？ （作业设计）您设计的作业一般分为哪些类型？您认为学生喜欢做您布置的作业吗？ （教学策略）您会有意识地根据课堂内容改进教学策略吗？您会用到哪些教学策略？ （课堂凝聚力）您对您平时的课堂效率满意吗？您认为是什么造成您课堂效率高/低？ （课堂管理）您认为课堂管理有难度吗？为什么？您一般会使用哪些课堂管理方法？ （学生自评成绩）您认为学生的自评成绩好坏和哪些因素有关？ （学生学习策略）从您所教年级和科目出发，您觉得哪些学习策略对学生学习比较有效？您一般是如何引导学生运用这些学习策略的？	

续表

(学生课堂行为)您的学生在课堂上一般会有哪些不良行为?哪一种出现频率最高? (学生先前学情)您一般通过什么方法来了解全班学生和个别学生的先前学情? (学生理解能力)您认为班级学生的理解能力差距大吗?当个别学生的现有的理解能力无法理解您所传授的知识点时,您会如何改进? (同伴影响)您会采取什么措施来保证学生之间产生的同伴影响是正向的? (学生自我概念)您学生出现比较频繁的消极自我概念有哪些?如何引导其走向积极? (学生认知水平)您认为班级中学生思维水平差距大吗?多少学生能进行具体思维运算?多少学生能进行抽象思维运算? (学生的注意力)您认为大部分学生在您的课堂上注意力能持续多久?您会采取什么措施来吸引学生的课堂注意力?

附3　教师教育品质调查问卷

非常不同意	不同意	不清楚(一般)	同意	非常同意
1	2	3	4	5

个人信息

1. 您的姓名:
2. 所授学科:
3. 您的性别:①男　　②女

师生关系

1. 我非常满意目前的师生关系。　1　2　3　4　5
2. 我不太主动去改善和学生的关系,要视学生的表现而定。
　1　2　3　4　5
3. 在日常教学工作中,我完全能信任每一位学生,一视同仁。
　1　2　3　4　5
4. 我能够了解班级所有学生的心理情况。　1　2　3　4　5
5. 我认为师生关系对我的教育教学效果影响不大。　1　2　3　4　5

6. 我所教的学生中，大多数学生和我关系很亲密。 1 2 3 4 5
7. 在下班和放假期间我还会牵挂着我的学生。 1 2 3 4 5
8. 学生在课堂上指出我的授课错误时，我会感到烦躁。 1 2 3 4 5

教学策略

9. 我会运用以下教学策略进行课堂教学。(可多选)
A. 线上线下结合教学 B. 先行组织（前置性）教学 C. 情境式教学
D. 问题解决式教学 E. 交互式教学 F. 挑战式教学
G. 探究式教学 H. 竞争式教学 I. 合作式教学
J. 启发式教学 K. 其他____________

课堂凝聚力

10. 我在上整节课时都能保持情绪饱满。 1 2 3 4 5
11. 在课堂教学中我通常扮演主讲者和主导者的角色。 1 2 3 4 5
12. 我在备课时会用游戏教学等教学法来激发学生的学习兴趣。
1 2 3 4 5
13. 我的课堂氛围一般是比较活跃的。 1 2 3 4 5
14. 学生有时会反应迟钝，不能很快参与到我布置的课堂任务中。
1 2 3 4 5

精准反馈

15. 我会经常思考这三个问题：“学生已有能力”“下一步教学目标”“如何达成目标”。 1 2 3 4 5
16. 同伴反馈很重要，我会鼓励学生给予其他同伴适当的评价。
1 2 3 4 5
17. 在课堂上我会根据学生的学习成绩来选择回答问题的对象。
1 2 3 4 5
18. 我会根据学生检测的结果，反思上一阶段学习成效并提出下一阶段的学习要求。 1 2 3 4 5
19. 我会让同学和家长参与对学生的评价。 1 2 3 4 5

20. 我会在作业上写评语或批注帮助学生了解如何改进。 1 2 3 4 5
21. 课堂上当学生答对问题时，我会直接肯定并进行下一话题。
1 2 3 4 5
22. 课堂上当学生答错问题时，我会追问和提示学生进一步思考。
1 2 3 4 5

作业设计

23. 除了配套作业外，我会为学生设计以下作业。(多选题)
A. 校本作业 B. 基础作业和挑战作业 C. 必做作业和选做作业
D. 分层作业 E. 游戏性作业 F. 实践作业 G. 跨学科式作业
H. 其他____________
24. 我能正确预估学生做作业所需要的时间。 1 2 3 4 5
25. 我在设计作业后会自己先提前做一遍。 1 2 3 4 5

课堂管理

26. 绝大多数学生能听从我的课堂管理。 1 2 3 4 5
27. 学生违纪行为较多时，我会反思自身课堂管理方式是否合理。
1 2 3 4 5
28. 我认为有效课堂管理的决定因素是利用权威而非提高授课水平。
1 2 3 4 5
29. 我经常会采取各种措施预防或减少课堂问题行为的发生。
1 2 3 4 5
30. 我会经常向其他教师请教或交流课堂纪律管理策略。 1 2 3 4 5
31. 我对所有学生的课堂管理方式都是一样的。 1 2 3 4 5
32. 经过对课堂纪律的管理，学生能比较主动地遵守课堂纪律。
1 2 3 4 5

教育热忱

33. 我的教育教学行为会对学生学习和学业成就产生巨大影响。
1 2 3 4 5

34. 我热爱教师工作，对研究教与学抱以极高的热忱。 1 2 3 4 5
35. 我拥有自己的教育教学智慧。 1 2 3 4 5

深层学科知识

36. 我对本学科的课程标准有清晰的了解，能清楚描述本课程小学阶段的知识体系。
1 2 3 4 5
37. 在学期开始前，我会熟读本学期的教材，清晰了解一学期的教学目标。
1 2 3 4 5
38. 我认为能通过自己的教育教学帮助学生达成以下学习品质。(可多选)
A. 注意力、参与度 B. 良好课堂学习习惯 C. 精准表达
D. 掌握学习方法 E. 前置学习能力
F. 熟练运用记忆策略（复述、组织、精加工） G. 高自我期望
H. 高意志力 I. 良好自主学习习惯 J. 同伴积极互助
K. 良好身体锻炼习惯 L. 语言学习能力 M. 泛阅读能力
N. 艺术修养 O. 生活实践能力 P. 良好自我概念
Q. 元认知能力 R. 迁移学习能力 S. 批判性学习能力
T. 项目制学习能力

学习成功标准

39. 我会提出适当的挑战，让学生专注于持续投入学习。 1 2 3 4 5
40. 我会帮助学生建立充分的学习信心。 1 2 3 4 5
41. 我有时会对部分或所有学生的学习成果失去信心。 1 2 3 4 5
42. 我会促使学生拥有自己的学习目标，提升学生的学习动力。
1 2 3 4 5
43. 我会清晰地告诉学生每堂课的学习目的和成功的标准。
1 2 3 4 5

监控学习进展

44. 我会结合预定的教学计划，把控实际教学进度。 1 2 3 4 5

45. 我会对我的实际教学情况进行定期的检查、自我评价和调整。
1 2 3 4 5

适应性学习专家：新手—熟手—能手

46. 我能在教学实践中精准判断学生处于新手、熟手还是能手阶段。
1 2 3 4 5

47. 我会选择合适的教学方法进行有层次、有针对性的课堂教学。
1 2 3 4 5

48. 我能借助学生的能力表现、能力空间、动机和胜任力来了解学生的水平。
1 2 3 4 5

心智框架的认知

49. 我认为我的基本任务是评价自己的教学对学生学习和成就所产生的效应。
1 2 3 4 5

50. 我认为学生学习成功取决于我作为教师做了什么。 1 2 3 4 5

51. 我认为应该更多地讨论教，而不是学。 1 2 3 4 5

52. 我将学生的测试视为对自己教学影响的反馈。 1 2 3 4 5

53. 我认为在课堂中我应该参与对话而不是进行独白。 1 2 3 4 5

54. 我是一个乐于挑战的人，绝不会说“已经尽力了”。 1 2 3 4 5

55. 我认为我有义务营造班级和办公室的和谐氛围。 1 2 3 4 5

56. 我没有义务使所有人包括家长熟悉学校的学习模式。 1 2 3 4 5

多元思维模型

57. 我理解和掌握以下学习成长类思维模型。（可多选）

A. 第一性原理　B. 金字塔原理　C. 思维导图

D. 艾宾浩斯记忆遗忘曲线　E. 元认知　F. 费曼学习法

G. 刻意练习　H. 证实偏差　I. 批判性思维

J. 其他____________

58. 我理解和掌握以下创新思考类思维模型。（可多选）

A. 路径依赖　B. 设计思维

C. 奥斯本检核表法　　D. 德尔菲法　　E. 六顶思考帽
F. 有效决策　　G. 其他____________

59. 我理解和掌握以下有效决策类思维模型。(可多选)
A. 能力圈思维模型　　B. 奥卡姆剃刀定律　　C. 决策树
D. 博弈论　　E. 前景理论　　F. 框架效应
G. KT决策法　　H. 其他____________

60. 我理解和掌握以下有效管理类思维模型。(可多选)
A. 德鲁克五问　　B. MBTI模型(经典性格分析法)
C. FBM模型(行为分析框架)　　D. SMART(目标管理原则)
E. SECI(知识管理工具)　　F. 番茄工作法(时间管理工具)
G. 其他____________

教师学习品质

61. 我阅读的教育教学类书籍有:(多选题)
A. 班级管理　　B. 学科教学　　C. 教育科研　　D. 教育管理
E. 教育理论　　F. 学生德育　　G. 儿童心理　　H. 其他______

62. 我每天会花________分钟阅读教育教学类书籍，每学期读完________本书。

图书在版编目（CIP）数据

数字化思维驱动儿童学习变革 / 楼叶通主编. -- 杭州 : 浙江教育出版社, 2022.10
ISBN 978-7-5722-4465-0

Ⅰ. ①数… Ⅱ. ①楼… Ⅲ. ①课程－教学研究－小学 Ⅳ. ①G622.3

中国版本图书馆CIP数据核字(2022)第181107号

数字化思维驱动儿童学习变革

SHUZIHUA SIWEI QUDONG ERTONG XUEXI BIANGE

楼叶通　主编

责任编辑　吴招生　　封面设计　钟吉菲
责任校对　何　奕　　责任印务　陆　江

出版发行　浙江教育出版社
（杭州市天目山路40号　电话:0571-85170300-80928）
图文制作　杭州兴邦电子印务有限公司
印　　刷　浙江新华数码印务有限公司
开　　本　710mm×1000mm　1/16
印　　张　14.25
插　　页　2
字　　数　212 000
版　　次　2022年10月第1版
印　　次　2022年10月第1次印刷
标准书号　ISBN 978-7-5722-4465-0
定　　价　38.00元

如发现印、装质量问题请与承印厂联系,电话:0571-85155604